Wunderwelt
BIOGARTEN

Eva Goris
Claus-Peter Hutter

Wunderwelt BIOGARTEN

Glücklich und nachhaltig gärtnern Monat für Monat

Bassermann

ISBN 978-3-8094-4937-9

1. Auflage

Genehmigte Sonderausgabe

Die Originalausgabe erschien unter dem Titel
Petermanns Almanach für den Biogarten

Umschlagillustrationen: Adobe Stock / Diana Askarova,
Mannaggia, awpixel.com
Innenillustrationen: Wolfgang Lang, Grafenau;
historisches Archiv des Verlags und der Autoren
Gestaltung und Satz Innenteil: Matthias Reinhard Grafik-Design, München

Umschlaggestaltung: Atelier Versen, Bad Aibling
Herstellung: Franziska Polenz
Projektleitung: Sibylle Lehmann

Druck und Bindung: GGP Media GmbH, Pößneck
Printed in Germany

Penguin Random House Verlagsgruppe FSC® N001967

597280140109

INHALT

Warum uns Gärtnern glücklich macht

In einem bin ich mir ganz sicher, und dafür würde ich sogar die Bestände meines gut bestückten Weinkellers – und der ist mir fast heilig – verwetten: Es gibt keinen Garten auf der Welt, der einem anderen aufs Ganze gleicht. Denn wie kunstvoll ein Garten auch geplant und angelegt ist und wie penibel er gepflegt wird, ein Garten hat immer etwas mit Natur zu tun. Und Natur kann man in ihrem Entfaltungsreichtum vielleicht einschränken und ein Stück weit formen, aber nie gänzlich unterjochen. Selbst wenn man zwei Gärten absolut identisch ganz nach technokratischen Mustern anlegen und unterhalten würde, wäre schon nach kurzer Zeit keiner mehr dem anderen gleich. Denn urplötzlich macht sich an der einen Stelle ein Löwenzahn breit, an anderer Stelle bringen die im Herbst gesteckten Blumenzwiebeln prächtigere Blüten hervor als im Vergleichsgarten. In einem Fall wächst das Gras trotz gleicher Behandlung schneller, in anderen Bereichen sprechen die Zweige der Johannisbeeren oder anderer Sträucher eine andere Formensprache. Und so wie kein Blatt dem anderen auf das i-Tüpfelchen gleicht, liegt es auch nicht in der Entscheidung des Gärtners, wo sich Läuse breitmachen, wo sich Amsel, Spatz und Fink auf Futtersuche begeben oder wo sie ihren Kot fallen lassen und dabei Samenkörner verteilen und sich als Naturgärtner betätigen.

Leben ist Vielfalt, und solange Gärten mit etwas Lebendigem bepflanzt sind – und dafür würde ich sogar die nicht minder gut sortierten Weinkeller meiner Freunde verwetten (aber dies tut man ja nicht) –, wird nie ein Garten dem anderen gleichen. Denn die Natur hat einen faszinierenden Formen-, Farben- und Verhaltensreichtum hervorgebracht. Einen Reichtum, von dem wir ein Stück im eigenen Garten immer wieder aufs Neue erleben können. Es hängt dabei von jedem Gärtner selbst ab, wie viel Natur er zulässt und wie viel Natur er sich letztlich selbst wert ist.

Wenn hier übrigens von »dem Gärtner« die Rede ist, dann sind ganz selbstverständlich auch die Gärtnerinnen eingeschlossen. Waren es doch über Jahrhunderte, ja Jahrtausende hinweg die Frauen, die Gemüse angebaut haben und so mit zum Überleben der Familien beitrugen. Und sicherlich waren es auch die Frauen – sie sind einfach das einfühlsamere Geschlecht –, welche die ersten Wildblumen zu Kränzen flochten, Blumen und Kräuter an ihre Hütten pflanzten. Und schaut man sich die Arbeitsteilung bei den letzten, heute noch nicht oder nur wenig von der sogenannten Zivilisation beeinflussten Naturvölkern an, so waren es sicherlich auch die Frauen, die bei den ersten jungsteinzeitlichen Siedlern und Ackerbauern für das Vegetarische verantwortlich waren, während sich die Männer um Jagd und Domestizierung der ersten Haustiere (die damit zu Nutztieren wurden) kümmerten. Und es waren auch Frauen, die das gartenbauliche Wissen um essbare Pflanzen und um Heilkräuter von Generation zu Generation weitergaben und teilweise ihre Erfahrungen aufschrieben. Man denke hierbei nur an Hildegard von Bingen (1098–1179), die gerade wegen ihrer vielen Aufzeichnungen zur Pflanzenwelt berühmt wurde.

So wie Frauen den Gartenbau geprägt haben, wurde meine Liebe zum Garten ebenfalls durch Frauen geweckt, auch wenn ich mir dessen in den Anfängen nicht bewusst war. Geht es Ihnen nicht auch so? Oft merkt man erst später im Erwachsenenalter, welche Rolle die eine oder andere Begebenheit, welchen Einfluss Kindheitserlebnisse für einen selbst bekommen können. Drei Frauen haben früh meine Liebe zum Garten und sicherlich dadurch bedingt auch zur Natur geweckt. Da war meine Urgroßmutter Louise, die hinterm Haus eine Mischung aus Gemüse-, Kräuter-, Obst- und Blumengarten hatte. Es war einer jener Bauerngärten, wie man ihn in der Zeit nach dem Zweiten Weltkrieg bis etwa in die 70er-Jahre des letzten Jahrhunderts hinein noch vielerorts fand. Ein Gartentyp, der so selbstverständlich war, dass man nie auf den Gedanken gekommen wäre, es könnte sich dabei um etwas Besonderes handeln. Heute findet man solche reich strukturierten Bauerngärten nur noch im Umfeld von Freilichtmuseen oder in ländlichen Gebieten, wo sie noch von immer älter werdenden Gärtnerinnen wie ein Relikt aus vergangenen Tagen gepflegt werden.

Dass meine Oma Mina einmal mein gärtnerisches Interesse wecken würde, hätte ich als Kind auch nicht gedacht. Sie pflegte außerhalb des Ortes einen Beerengarten mit Schwarzen und Roten Johannisbeersträuchern, Stachelbeeren und je einer Reihe Himbeeren und Brombeeren. Schon als Achtjähriger wurde ich zusammen mit meinen Vettern Rolf und Harald dazu angehalten, Beeren zu pflücken und sorgfältig darauf zu achten, dass auch nicht eine einzige Beere zu Boden fällt. Das hat mir als Kind genauso wenig Spaß gemacht, wie die Tomaten- und Zucchinipflanzen meiner Mutter Roswitha zu gießen oder die im eigenen Garten geernteten Bohnen für die Einmachgläser kleinzuschneiden, ebenso wenig, wie die Kämme der Johannisbeeren abzuernten oder sonstige Gartenarbeiten zu verrichten. All dies bereitete mir, und da ging es vielen meiner Altersgenossen sicherlich nicht anders, kaum Freude. Ich hatte auch keine Lust, meinem Vater Reinhold im Obstgarten, der noch von meinem Urgroßvater Christian stammte, im Herbst beim Auflesen der Mostäpfel oder an kalten Wintertagen beim Einsammeln des Schnittholzes der Birn-, Apfel-, Zwetschgen- und Kirschbäume helfen zu müssen. Doch auch wenn ich mir dessen nicht bewusst war, habe ich viel dabei gelernt. Erst später habe ich begriffen, welch wertvolles Vermächtnis mir damit auf den Lebensweg gegeben wurde. So kam im Laufe der Zeit einiges an neuem Praxiswissen von mir und meiner Frau (die in diesem Buch an mancher Stelle zu Wort kommt) und Freunden dazu. Später wurde mir klar:

All diese Traditionen und das damit verbundene Wissen sollten ebenso wenig verloren gehen, wie die dabei gepflegte Natur im urbanen Raum mit all ihren Chancen der immer wichtiger werdenden Selbstversorgung. Ja, dieses wertvolle Kulturgut sollte neu entdeckt, wieder etabliert und lebendig weitergegeben werden. Und erst recht jetzt in Zeiten des Klimawandels, wo wir mehr Grün und mehr Natur in Dorf und Stadt dringender denn je brauchen.

Dies war für mich Motivation, gemeinsam mit Eva Goris – mit der mich seit Jahren eine überaus inspirierende Zusammenarbeit verbindet – dieses Buch zu schreiben.

Claus-Peter Hutter

Der Biogarten liefert viele leckere Früchte.
In Form von Marmelade, Kompott, Essig, Säften, Ölen und Destillaten lässt sich der Biogarten-Sommer in die Herbst-und Winterzeit mitnehmen.

Erlebnis Naturgarten – ein Stück Lebensqualität

Da zahlen heute manche Menschen viel Geld, um sich in verschwitzten Sportstudios fit zu halten, und meinen, sie hätten keine Zeit für die Arbeit im Garten. Der soll deshalb möglichst pflegeleicht sein. Und es wird noch einmal viel Geld ausgegeben, um mit Kunstdünger und Chemikalien den Rasen einheitlich grün und die Thujahecke langweilig gerade zu halten. Dabei ist es so einfach, mit einem Biogarten das eigene Leben zu bereichern. Das Einzige, was man dazu braucht, ist Mut zur Natur und die Bereitschaft, immer wieder neu dazuzulernen.

Ein naturnaher Garten kann vieles sein: ein Ort, um mit allen Sinnen die ganze Faszination der Natur zu erleben; Lebensraum für eine Vielzahl von Tieren und Pflanzen; internationaler Landeplatz für viele Zugvögel; Obstwiese im Kleinen; ein wahres Kräutererlebnis und Schlüssel zu mehr Naturverständnis. Der Garten ist wohl das beste Fitnessstudio, er ist Biotopverbund zur freien Landschaft. Im Biogarten lässt sich Energie tanken. Hier geben sich Natur und Kultur die Hand und hier findet sich Raum für glückliche Momente. Ein naturnah gestalteter Garten ist bestens geeignet, um Kinder und Jugendliche – und so habe ich es ja auch selbst erlebt – ohne erhobenen Zeigefinger an die Natur heranzuführen.

Naturverständnis wiederum ist die Grundlage, um Vorgänge in der Umwelt wahrnehmen und begreifen zu können. In einer Zeit, in der Kinder mehr Handy-Apps als Vogelstimmen, mehr nichtssagende Posts in gar nicht so sozialen Netzen statt Wildpflanzen kennen, wird Naturerlebnis und Umweltverständnis immer wichtiger. Denn nur wer gelernt hat, Natur zu beobachten und zu verstehen, wird sensibel genug sein, Veränderungen und Gefahren in der Umwelt wahrzunehmen. Dies wiederum ist aus meiner Sicht der Schlüssel für die ökologische und ökonomische Zukunftsfähigkeit unserer Gesellschaft. Wie sollen Bürgerinnen und Bürger ihre Rechte wahrnehmen und im Sinne demokratischer Mitwirkung konsequente Umweltpolitik und nachhaltiges Handeln einfordern, wenn sie Vorgänge in der Natur immer weniger verstehen? Und so ist es für mich erschreckend, wenn selbst viele Biologen keine Amsel von einer Singdrossel und keinen Spatz von einer Grasmücke unterscheiden können. Meinem langjährigen Mitautoren und Motivator Claus-Peter Hutter geht es genauso. Deshalb haben wir nach anderen Werken auch dieses Buch zusammen entwickelt und geschrieben. Wir wollen alle Gartenbesitzer und solche, die es werden wollen, ermuntern, mehr Natur in ihrem Umfeld einziehen und vor allem ihre Kinder und Enkel daran teilhaben zu lassen.

Beide stehen wir hinter allen Teilen des Buches, auch wenn wir die Arbeit aufgeteilt haben und die Texte zum Teil im „Ich-Stil" verfasst sind. Einfach weil alles auf unseren eigenen Erlebnissen und Erfahrungen fußt. Es ist wie in der Natur selbst: so vieles spielt zusammen, ergänzt sich und ist als Ganzes zu sehen.

Eva Goris

Zum Aufbau des Buches

Dieses Buch will den Blick für das Ganze öffnen und mit Geschichten und praktischen Tipps die faszinierende Welt des naturnahen Gartens über die Jahreszeiten hinweg – immer verbunden mit kulturellen Aspekten – aufzeigen.

Letztlich können wir natürlich nur einen Teil der vielfältigen Möglichkeiten streifen, die ein Garten – und sei er noch so klein – bietet.

Um Appetit auf das Naturerlebnis Garten sowie selbst angebautes Gemüse und Obst sowie die Vielfalt von Tieren und Pflanzen zu bekommen, ist das Buch wie folgt aufgebaut:

- Zu jedem Monat gibt es eine kurze stimmungsvolle Einleitung. Es sind quasi Momentaufnahmen aus den verschiedenen Jahreszeiten.
- Dichter, Denker und Philosophen haben sich mit dem Phänomen Garten – überhaupt mit der Natur – auf vielfältige Art und Weise beschäftigt und uns ihre Gedanken dazu hinterlassen. Zu jedem Monat haben wir Ihnen eines unserer Lieblings-Garten- bzw. Naturgedichte herausgesucht.
- In jedem Kapitel wird eine Blume des Monats porträtiert. Die Auswahl fiel uns schwer und ist beileibe nicht objektiv. Aber vielleicht ist sie für Sie ein kleiner Impuls, selbst auf Blumen-Spurensuche zu gehen und dafür zu sorgen, dass in Ihrem Garten im nächsten Jahr so manche Art, die dort bisher noch keine Heimat hatte, zum Blühen kommt.
- Reportagen aus der Tier- und Pflanzenwelt vermitteln vielfach unbeachtetes oder vergessenes Wissen über die Geheimnisse der Natur.
- Tabellen, Grafiken und Infokästen bieten Übersicht und enthalten – wie ökologische Bausteine – Tipps und Ideen für die Gestaltung des eigenen Biogartens.
- Den Garten mit allen Sinnen genießen? Ja, das geht. In jedem Kapitel regt ein Rezept des Monats dazu an, den Dialog zwischen Garten und Küche sowie umgekehrt aufzunehmen.
- Der Anhang des Buches enthält Adressen zu Verbänden und anderen Institutionen, die sich mit den Themen Garten und Natur beschäftigen.
- Ein umfangreiches Register hilft, Themen aus den unterschiedlichen Monaten wieder aufzufinden.

Kommen Sie also mit auf eine ungewöhnliche Reise durch das Biogartenjahr, eine Reise, auf die Sie immer wieder gehen können, um Erlebtes nachzuvollziehen oder für Neues Anregungen zu holen. Wenn Sie sich auch schon überlegt haben, aus Ihrem Garten einen Biogarten zu machen, dann lassen Sie sich von den Worten des großen Gartenliebhabers und Allroundgenies Johann Wolfgang von Goethe inspirieren:

»Es ist nicht genug zu wissen, man muss auch anwenden;
es ist nicht genug zu wollen, man muss auch tun.«

Viel Erfolg dabei!

Januar

Noch ruht die Natur und doch tut sich schon einiges. Erste Schneeglöckchen strecken ihre Köpfchen hervor. Unter den Sträuchern der Gartenhecke scharren – dort wo die noch hängen gebliebenen Blätter des Ligusters und der Hainbuche den Boden vor Schnee schützen – Amseln nach Essbarem. An kalten Tagen kommen auch Wacholderdrosseln aus den Streuobstwiesen und von den Wäldern in die Gärten herein. Wie den Amseln, kann man auch ihnen mit alten Äpfeln über den Winter helfen. Gibt es nach Schneefall tiefen Frost, verwandeln sich die Zweige der Bäume und Sträucher zu bizarren Kristallgestalten. Ab und an bringt ein Rotkehlchen mit orange gefärbtem Brustgefieder einen Farbtupfer in den Wintergarten.

DIE BLUME DES MONATS: EIN GLÖCKCHEN IM SCHNEE

Wenn sie im eiskalten Januarwind sanft mit ihren weißen Blütenköpfen nicken, hat meine Frau fast ein wenig Mitleid mit ihnen. Doch Schneeglöckchen (*Galanthus nivalis*) frieren nicht. Die zarten Pflänzchen aus der Familie der Amaryllisgewächse kommen sogar in Höhenlagen von über 1000 Metern vor und wachsen trotz Eis und Schnee an einem dünnen Stiel bis zu 15 Zentimeter in die Höhe. Die Köpfchen scheinen ständig im Wind zu wippen. »Sie läuten den Frühling ein«, behauptet meine Frau steif und fest. Auch wenn es jetzt noch sehr kalt ist, verbreiten Schneeglöckchen Frühlingsgefühle. Deshalb sind bei uns überall Schneeglöckchenzwiebeln in der Gartenerde versteckt. Die wilden Verwandten entdeckt man mitunter im Auwald.

GARTEN – LEBENDIGE KULTURGESCHICHTE

Unsere Gärten oder vielmehr das, was noch davon übrig geblieben ist, haben eine lange Geschichte. Das älteste Zeugnis des Gartens ist wohl das Wort »Garten« selbst. Es ist auf das Indogermanische in der Zeit von etwa 3000 bis 1000 (v. Chr.) zurückzuführen. »Gher« bedeutete damals so viel wie »fassen«. Später wurde daraus »ghortos«, was man mit »das Eingefasste« übersetzen könnte. Wenn der Zaun als Einfassung so dem Garten zum Namen verhalf, musste er schon von Bedeutung gewesen sein. Tatsächlich war das »Zaunland« bei den Germanen ein besonders geschütztes Stück Sondereigentum. In diesen ersten Gärten fanden sich lediglich Nutzpflanzen. Die Römer brachten neben neuen Nutzpflanzen dann auch Gewürzpflanzen wie Dill, Kerbel, Ysop, Rosmarin, Salbei und Senf nach Germanien. Die erste ebenfalls importierte Blütenpracht bestand aus Rosen und auch Goldlack.

Neue Pflanzenimporte kamen einige Jahrhunderte später durch Benediktiner- und Zisterziensermönche ebenfalls von jenseits der Alpen. Die Klostergärten der vorwiegend vegetarisch lebenden Mönche wurden dann regelrechte Geburtshelfer für die späteren Bauerngärten. So mancher Bauer erhielt von den Klöstern Sämlinge oder Ableger für seinen eigenen Garten, so dass sich Minze, Basilikum, Fenchel, Malve, Endivie und andere Arten mehr und mehr verbreiteten. Immer neue Pflanzenarten fanden im Lauf der Jahrhunderte auf diese Weise Eingang in die Bauerngärten.

Der Bauerngarten als Sammelsurium von Nutz-, Heil- und Zierpflanzen war durch die naturnahe Bewirtschaftung stets auch Lebensraum vieler heimischer Tiere.

Doch was ist heute nur aus vielen Gärten geworden? Von Bremerhaven bis Berchtesgaden bieten sie fast überall dasselbe Bild: Einheitsrasen, sterile, immer geschorene Hecken und nicht sichtbar, aber vorhanden, viel Chemie. Kein Platz mehr für Igel, Pfauenauge, Drossel, Fink und Star. Diese mit Unkrautvernichtungsmitteln mühsam aufrechterhaltene Monotonie muten wir unseren Kindern als Spiel- und Erkundungsräume zu. Sie haben oft nicht einmal mehr in ländlichen Gegenden die Gelegenheit, die bunte Tier- und Pflanzenwelt des Gartens kennenzulernen. Wie lange wird es noch dauern, bis mit den Tieren und Pflanzen der Dörfer und Städte auch die kindliche Freude an einem Falter vertrieben ist?

Gartenvielfalt – Vielfalt der Gärten

Dass Gärten etwas mit Hegen und Pflegen zu tun haben, zeigt selbst das in den englischen Sprachgebrauch übergegangene Wort »Kindergarten«. Bei dem geht es ja auch darum, dass die Kinder behütet aufwachsen. Und im Hausgarten behüten wir ein Stück Natur. Und so gibt uns das Thema Garten in vielerlei Hinsicht Inspiration und Impulse, die Natur zu hegen und zu pflegen. Es gibt eine Vielzahl unterschiedlicher Gartentypen. Im Brockhaus Konversationslexikon von 1893 habe ich folgende Definition gefunden:

»Garten, ein eingefriedetes Stück Land, welches zum Anbau von Nutz- oder Zierpflanzen benutzt wird. Man unterscheidet *Nutzgärten*: Obstgärten, Gemüsegärten, Baumschulen und Handelsgärten aller Art; *Ziergärten*: Hausgärten, Blumengärten, Rosengärten, Parks; *Wissenschaftliche Gärten*: Botanische, dendrologische, pomologische, önologische Gärten und Schulgärten.«

Schon Ende des vorletzten Jahrhunderts ist von Schulgärten die Rede! Damals hat es noch nicht viele gegeben. Heute aber wäre es notwendig, dass wir an allen Schulen Schulgärten einrichten, damit den Kindern wieder mehr Wissen über die Natur, das Leben an sich und den verantwortungsvollen Umgang damit ohne erhobenen Zeigefinger vermittelt wird.

Werden die Blumenstauden in den Gartencentern und Baumärkten noch so bunt und superprächtig angeboten, der Natur hilft es nicht. Wir lassen uns von einer Scheinnatur täuschen, vorgegaukelt durch eine Flut von Werbeprospekten. Die Blumen sind oft so überzüchtet, dass aufgrund der überprächtigen Fülle Bienen und Hummeln nicht einmal mehr an den Nektar gelangen können. Dabei könnte jeder Gartenbesitzer ohne weiteres zur Erhaltung der einheimischen Tier- und Pflanzenwelt beitragen und sich selbst eine gesündere, natürlichere Umgebung schaffen: Allein in Deutschland gibt es rund 36 Millionen Gärten. Und in der Schweiz und in Österreich sind es zusammengenommen nochmals rund 6,1 Millionen Gärten. Sie bieten hervorragende Möglichkeiten, der bedrohten Natur in Dorf und Stadt ebenso wie den Menschen zu helfen. Man braucht nicht sentimental zu werden, um sich wieder der alten Bauerngärten zu besinnen.

TROMMLER IM GARTEN

Immer mal wieder besucht ein Buntspecht den alten Apfelbaum im Garten unserer Nachbarn. Ab und an kommt er auch zu unserem Kirschbaum. Mit den harten Federn seines Schwanzes stützt sich der schwarz-weiß gefärbte Specht mit der auffälligen roten Kappe am Baumstamm ab und lässt mit dem kräftigen Schnabel einen Trommelwirbel von gut 20 Schlägen pro Sekunde auf das Holz nieder. Er hat sich einen dürren Stamm ausgesucht, der als Verstärker der Holzschläge wirkt.

Man vermutet, dass sich die Trommelsprache der Spechte im Laufe von Jahrmillionen aus ihrem Hacken nach Nahrung entwickelt hat. Über das tönende Holz verständigen sich sowohl

Partner als auch männliche Rivalen. Männchen und Weibchen sowie die verschiedenen Spechtarten haben ihre jeweils eigenen Trommellaute. Das Revier des Buntspechts ist relativ groß, so dass Spechte nicht in großer Dichte vorkommen. Das Nahrungsgebiet reicht über Gärten, Parks, Waldränder bis weit in den alten Eichenwald hinein. Hat der Buntspecht, die häufigste unserer Spechtarten, eine Partnerin gefunden, so beginnt der Wohnungsbau. Männchen und Weibchen meißeln an einem morschen Baumstamm abwechselnd an ihrer Höhle. Bis zu 100 Schnabelhiebe pro Minute können sie auf das Holz ansetzen und müssen bis zu einem Monat daran arbeiten. Selbst wenn der Specht sechs Stunden am Tag klopft, bekommt er davon keine Kopfschmerzen. Schnabel und Gehirn sind nämlich federnd, quasi über einen Stoßdämpfer, miteinander verbunden. Außerdem ist die Knochenhülle um das Gehirn stärker ausgeprägt. Bei der Brut wechseln sich Männchen und Weibchen ebenfalls ab, wobei die Partner durch Klopfzeichen vor der Höhle den Schichtwechsel ankündigen. Gegen einen Sturz ist der Specht gut gesichert, denn die jeweils vier Zehen an beiden Füßen wirken wie Steigeisen: Auf rauen Oberflächen krümmt der Trommler die beiden äußeren Zehen nach hinten, während er auf glatten Stämmen die äußeren Zehen nach oben dreht. Im Revier des Buntspechtes können auch der Mittel- und der Kleinspecht leben. Die Natur hat hierfür eine geschickte Arbeitsteilung hervorgebracht. Der Buntspecht als größter unter den drei bunten Spechtarten holt sich die Nahrung vor allem aus den Stämmen der Bäume, während sich der Kleinspecht, der nur wenig größer ist als ein Buchfink, auf die kleinen Äste konzentriert. Der Mittelspecht hat seinen Nahrungsraum dazwischen. Man trifft ihn vor allem auch in den äußeren Regionen der Bäume an.

Von Natur aus – in der es ja vor Zeiten keine Gärten und Parks, sondern nur Lichtungen gegeben hat – sind die Spechte zum Teil auf verschiedene Waldtypen spezialisiert. Der Mittelspecht etwa kommt bevorzugt in Eichenwäldern vor. In alten Buchen- bzw. Eichenwäldern lebt der Schwarzspecht. In ihren jeweiligen Jagdgebieten holen die Spechte

Das ganze Jahr über immer mal wieder zu sehen: Sogenannte Standvögel, die intakte, naturnahe Gärten brauchen, um in unseren Siedlungen überleben zu können: ① Zaunkönig ② Blaumeise ③ Kohlmeise ④ Haussperling ⑤ Stieglitz ⑥ Bachstelze ⑦ Buchfink ⑧ Rotkehlchen ⑨ Buntspecht ⑩ Grünspecht ⑪ Wacholderdrossel ⑫ Amsel ⑬ Kleiber

ihre Nahrung mit ihrer klebrigen und langen Zunge aus jeder Ritze und Spalte hervor. Blattläuse, Raupen, Maden, Puppen oder Spinnen gehören zu ihrer Beute. Beim Buntspecht misst die Zunge drei bis vier Zentimeter. Die Spechte benetzen die Zunge mit ihrem klebrigen Speichel und lassen sie mehrmals vorschnellen, um die Beute zu fassen. Dabei hilft auch das verhornte Vorderende der Zunge, das zahlreiche Widerhaken besitzt. An diesen verfängt sich das Opfer. Nur beim Grünspecht und beim Grauspecht fehlen die harpunenartigen Spitzen, die sie nicht benötigen. Beide ernähren sich als sogenannte Erdspechte vor allem von Ameisen und Käfern. Sie zimmern zwar auch Baumhöhlen, um dort brüten zu können, aber ihre Nahrung suchen sie nicht an Bäumen.

WINZLINGE MIT GROSSER BEDEUTUNG

Zum ersten Mal entdeckte ich die Winzlinge im aufgewühlten Laub. Es war einer jener Tage Ende Januar, als die Sonne wieder mal einen Hauch von ersehntem Frühling in den Garten zauberte. An windstillen Stellen, dort wo sich die Sonne besonders staut, erwachte wie auf Bestellung das Leben aufs Neue. So auch, als ich das Laub aufwühlte. Nur wenige Millimeter große Tierchen flüchteten mit saltoähnlichen Schnalzern vor- und rückwärts, sobald sie zwischen dem Laub gestört wurden. Seitdem achte ich immer mal wieder auf die rundlich-kugeligen Springschwänze im Bereich des Komposts oder am Rand unserer frei wachsenden Gartenhecke. Zwischen altem Laub und altem Holz sind sie fast immer zu finden. Bei diesen Winzlingen handelt es sich um sogenannte Kugelspringer, die ihren Namen einem schlagartig ausklappbaren Sprunggelenk verdanken. Mit diesem können die flügellosen Urinsekten Sprungweiten erreichen, die ein Mehrfaches ihrer Körpergröße messen. Damit sind sie in der Lage, rasch Reißaus vor ihren Feinden wie Hundertfüßern oder Weberknechten zu nehmen.

Es gibt wohl Unmengen von Springschwänzen. Bis zu 700 000 dieser Urinsekten haben Wissenschaftler in Wäldern pro Quadratmeter Bodenoberfläche festgestellt. Und könnten wir in den Boden hineinschauen, so würden wir dort Verwandte der Springer erspähen. Sie sind im Boden allerdings kleiner gewachsen als in der Streuschicht, haben keine Augen, dafür aber kleine Antennenfühler und eine schwächer ausgebildete Sprunggabel. Auf bearbeiteten Ackerflächen lassen sich allerdings nur 10 000 der Insekten in bis zu 70 Zentimetern Tiefe finden. Das regelmäßige Pflügen zerstört die kleinen Höhlen der Tiere. Zudem sind die mikroklimatischen Bedingungen im Ackerboden wegen der oft monatelang fehlenden Vegetationsdecke extrem ungünstig für die unterirdischen Bewohner. Je weniger intensiv der Boden bearbeitet wird, um so arten- und individuenreicher können sich die weltweit 3500 vorkommenden Springschwanzarten entwickeln. Im Biogarten haben die Springschwänze also mehr Chancen, als auf intensiv bewirtschafteten Äckern. Auch wenn sie kleiner als einen Millimeter sind, verrichten sie nämlich im Boden wichtige Aufgaben. Sie fressen neben Algen oder Pilzen nahezu alle organischen Stoffe wie etwa den Kot größerer Bodentiere wie Tausendfüßer oder Regenwürmer. Die meisten Springschwänze zerkleinern diese Nahrung mit kräftigen Zähnen und einer Reibeplatte. Andere ritzen kleinere Bodentiere an, um sie auszuschlürfen. Wiederum andere stechen die

Zellschläuche von Bodenpilzen an oder saugen Einzeller wie Bakterien mit Hilfe flüssiger Zersetzungsprodukte auf. Andere Springschwänze weiden mit besenartigen Mundwerkzeugen ganze Pflanzen- und Bakterienschleime ab. Damit verrichten diese Winzlinge unter den Insekten wichtige bodenbiologische Dienste, wie etwa den des natürlichen Abfallrecyclings. Indem sie Exkremente größerer Tiere verzehren, zerkleinern sie diese Substanzen, so dass die dann vergrößerten Oberflächen den Bakterien die weitere Zersetzung erleichtern. 100 000 Springschwänze lagern auf diese Weise jährlich etwa 180 Kubikzentimeter Humus ab. Außerdem verhelfen sie Mikroorganismen dazu, sich zu verbreiten: Die Sporen niedriger Pilze wandern nämlich unversehrt durch den Verdauungsapparat der Springschwänze. Uns Menschen dienen sie sogar als Frühwarner. Die verzögerte Larvenentwicklung oder die sinkende Fortpflanzungsrate verrät nämlich den Bodenkundlern in einem sehr frühen Stadium, dass der Boden krank ist.

Wenn ich [im Januar] im Garten spazieren gehe,
bemerk ich schon dies und das,
was sich langsam anschickt zu blühen,
z.B. die Christrose und der Seidelbast.
Noch immer,
so alt ich auch wurde,
erscheint mir dergleichen doch neu und spaßhaft,
wie vor 10 000 Jahren.

Wilhelm Busch (1832–1908)

Heimische Bäume und Sträucher für einen lebendigen Naturgarten: ① Heckenrose ② Weißdorn ③ Schwarzer Holunder ④ Roter Hartriegel ⑤ Vogelbeere (Eberesche) ⑥ Kornelkirsche ⑦ Vogelkirsche ⑧ Hainbuche ⑨ Haselnuss ⑩ Feldahorn ⑪ Wildapfel ⑫ Wildbirne

WELCHER STRAUCH, WELCHER BAUM PASST ZUM BIOGARTEN?

Auch im Winter kann man sich bestens mit dem Garten beschäftigen. Jetzt hat man Zeit zu überlegen, was im baldigen Frühjahr geändert werden soll, welche Sträucher und Bäume, die jetzt im Winter am besten geschnitten werden, vielleicht noch in den Garten passen und wo welche Ergänzungspflanzungen notwendig sind. Am besten ist es, man wählt ausschließlich heimische Baum- und Straucharten; die nachfolgende Tabelle gibt einen Überblick zu den häufigsten Arten. Bei den Pflanzschulen und Landschaftsgärtnern sollte man darauf bestehen, ausschließlich heimische, nicht überzüchtete Ware zu bekommen. Dies hilft Geld sparen und biologische Vielfalt im Garten fördern.

Heimische Bäume und Sträucher für den Naturgarten

Am besten orientiert man sich bei der Auswahl heimischer Sträucher und Bäume am natürlichen Vorkommen (Nord- oder Süddeutschland, Meereshöhe). Anhand der Standortansprüche ist leicht festzustellen, ob der jeweilige Baum oder Strauch im Hinblick auf die Bodenverhältnisse und die voraussichtliche Wuchshöhe für sonnige, halbschattige oder schattige Standorte geeignet ist.

Höhe 10–30 m	Wuchs	Bodenansprüche	Natürliches Vorkommen	
			Deutschland	Meereshöhe (m)
Bergahorn *(Acer pseudoplatanus)*	mittel	sickerfrisch	ganz	Gebirge bis 1500 m
Bergulme *(Ulmus scraba)*	mittel	sickerfeucht, nährstoffreich	ganz außer NW	mittlere Gebirgslage
Bruchweide *(Salix fragilis)*	schnell	sickernass	ganz	Ebene bis 1100 m
Eibe *(Taxus baccata)*	langsam	sickerfrisch	ganz	Hügelland bis 1100 m
Esche *(Fraxinus excelsior)*	schnell	sickerfeucht	ganz	Ebene bis 1200 m
Feldahorn *(Acer campestre)*	langsam	frisch	ganz außer NW	Ebene bis 800 m
Hainbuche *(Carpinus betulus)*	mittel	frisch bis trocken	ganz	Ebene bis 800 m
Hängebirke *(Betula pendula)*	mittel	feucht bis trocken	ganz	Ebene bis 1780 m
Holzbirne *(Pirus communis)*	langsam	frisch	S/N selten	Ebene bis 800 m
Mehlbeere *(Sorbus aria)*	mittel	mäßig frisch bis trocken	S	Ebene bis 1300 m
Rotbuche *(Fagus sylvatica)*	schnell	keine Staunässe	ganz	Ebene bis 1500 m
Sommerlinde *(Tilia platyphyllos)*	schnell	sickerfrisch	S	untere Lagen bis 1000 m
Traubenkirsche *(Prunus padus)*	schnell	sickernass	ganz	Ebene bis 1500 m
Vogelkirsche *(Prunus avium)*	schnell	sickerfeucht	ganz außer NW	Ebene bis 1200 m
Winterlinde *(Tilia cordata)*	schnell	frisch bis mäßig	ganz außer NW	Ebene bis 300 m

	Belichtung	Geeignet für	Besonderheiten
	☼ – ✹	♣	Insektenweide, Bodenfestiger, wird bis 500 Jahre alt
	☼ – ✹	♣	Insektenweide, wird bis 400 Jahre alt
	☼	♣, ●●●	Insektenweide, insektenreich, Blütenpracht, Bodenfestiger
	☼ – ◐	♣, ●●●	Immergrün, männliche und weibliche Blüten auf verschiedenen Pflanzen, Vogelfrüchte, Vogelnester
	☼ – ◐	♣	Windbestäubung, Vogelfrüchte
	☼ – ◐	♣, ●●●	Insektenweide, insektenreich
	☼ – ✹	♣, ●●●	Windbestäubung, insektenreich, Vogelsamen
	☼ – ◐	♣	Windbestäubung, insektenreich, Vogelsamen, wird bis 120 Jahre alt
	☼ – ◐	●●●	Insektenweide, insektenreich, Vogelfrüchte enthalten bis zu 15 % Zucker
	☼ – ◐	●●●	Insektenweide, Blütenpracht, Vogelfrüchte
	☼ – ◐	♣	Windbestäubung, Vogelsamen, wird bis 300 Jahre alt, Spechtbaum
	☼ – ✹	♣	Insektenweide, Heilpflanze, wird bis zu 1000 Jahre alt
	☼ – ✹	♣, ●●●	Insektenweide, Vogelfrüchte
	☼ – ◐	♣, ●●●	Insektenweide, Vogelfrüchte
	☼ – ◐	♣	Insektenweide, Heilpflanzen (Lindenblütentee)

✹ = schattig, ◐ = halbschattig, ☼ = sonnig, ●●● = geeignet für Hecken; ♣ = Einzelbaum/Einzelstrauch

Höhe 5–10 m	Wuchs	Bodenansprüche	Natürliches Vorkommen	
			Deutschland	Meereshöhe (m)
Eberesche *(Sorbus aucuparia)*	mittel	mäßig trocken bis feucht	ganz	Ebene bis 1900 m
Holunder *(Sambucus nigra)*	schnell	frisch	ganz	Ebene bis 1500 m
Holzapfel *(Malus sylvestris)*	mittel	frisch	ganz außer NW	Ebene bis 1000 m
Purpurweide *(Salix purpurea)*	schnell	feucht, nährstoffreich	ganz	Ebene bis 1100 m
Salweide *(Salix caprea)*	schnell	Rohboden	ganz	Ebene bis 1700 m
Zitterpappel *(Populus tremula)*	schnell	frisch, nährstoffreich	ganz	Ebene bis 1300 m
3–5 m				
Buchsbaum *(Buxus sempervirens)*	langsam	trocken bis frisch	nur SW	tiefere Lagen
Hasel *(Corylus avellana)*	mittel	sickerfrisch, nährstoffreich	ganz	Ebene bis 1300 m
Kornelkirsche *(Cornus mas)*	langsam	mäßig trocken	untere Hälfte N und S	untere Lagen
Kreuzdorn *(Rhamnus cathartica)*	langsam	feucht bis Felsen	ganz außer NW	Ebene bis 1200 m
Lorbeerweide *(Salix pentandra)*	schnell	sicker-, staunass	ganz	Ebene bis 900 m
Stechpalme *(Ilex aquifolium)*	langsam	frisch bis mäßig trocken	ganz außer SO	Ebene bis 1100 m
Wacholder *(Juniperus communis)*	langsam	trocken bis wechselfeucht	ganz	Ebene bis 1600 m

	Belichtung	Geeignet für	Besonderheiten
	☼ – ◐	🌳, ●●●	Insektenweide, Blütenpracht, Vogelfrüchte
	☼ – ◐	●●●	Insektenweide, Blütenpracht, Vogelfrüchte, Heilpflanze
	☼ – ◐	●●●	Insektenweide, Blütenpracht, Vogelfrüchte, Vogelnester
	☼	🌳, ●●●	Bienenweide, Pollen für Vögel, Blütenpracht
	☼	🌳, ●●●	Bienenweide, Pollen für Vögel, Blütenpracht, Bodenfestiger
	☼	🌳	Windbestäubung
	☼ – ◐	●●●	Immergrün, Insektenweide
	☼ – ✹	●●●	Windbestäubung, Blütenpracht, wohlschmeckende Nüsse
	☼ – ◐	●●●	Insektenweide, Vogelfrüchte
	☼ – ◐	●●●	Insektenweide, Vogelfrüchte
	☼	🌳, ●●●	Insektenweide, insektenreich, Blütenpracht
	☼ – ◐	●●●	Immergrün, männliche und weibliche Blüten auf verschiedenen Pflanzen, Insektenweide, Vogelfrüchte, Vogelnester, wird bis 300 Jahre alt
	☼	🌳, ●●●	Immergrün, Vogelbeere

✹ = schattig, ◐ = halbschattig, ☼ = sonnig, ●●● = geeignet für Hecken; 🌳 = Einzelbaum/Einzelstrauch

Höhe 2–3 m	Wuchs	Bodenansprüche	Natürliches Vorkommen	
			Deutschland	Meereshöhe (m)
Hartriegel *(Cornus sanguinea)*	mittel	frisch bis mäßig trocken	ganz außer NW	Ebene bis 900 m
Hundsrose *(Rosa canina)*	schnell	trocken-frisch	ganz	Ebene bis 1300 m
Pfaffenhütchen *(Euonymus europaeus)*	mittel	frisch, nährstoffreich	ganz	Ebene bis 1000 m
Sanddorn *(Hippophae rhamnoides)*	mittel	trocken	Küste und S	Ebene bis 900 m
Schlehe *(Prunus spinosa)*	langsam	trocken-frisch	ganz	Ebene bis 1000 m
Schneeball *(Viburnum opulus)*	mittel	sickerfeucht	ganz	Ebene bis 1000 m
Weißdorn *(Crataegus monogyna)*	langsam	trocken bis frisch	ganz	Ebene bis 1000 m
Wolliger Schneeball *(Viburnum lantana)*	schnell	mäßig frisch	S	Ebene bis 1400 m
1–2 m				
Brombeere *(Rubus fruticosus)*	schnell	fast alle Böden	ganz	Ebene bis 1600 m
Filzige Rose *(Rosa tomentosa)*	mittel	mäßig trocken	ganz	Ebene bis 1300 m
Heckenkirsche *(Lonicera xylosteum)*	mittel	frisch	ganz außer NW	Ebene bis 1100 m
Himbeere *(Rubus idaeus)*	schnell	sickerfrisch	ganz	Ebene bis 1800 m
Kriechende Rose *(Rosa arvensis)*	mittel	frisch	S	Ebene bis 1000 m
Liguster *(Ligustrum vulgare)*	schnell	mäßig trocken	S	Ebene bis 900 m

	Belichtung	Geeignet für	Besonderheiten
	☼ – ◐	●●●	Insektenweide, Blütenpracht, Vogelfrüchte
	☼ – ◐	●●●	Insektenweide, Blütenpracht, insektenreich, Vogelfrüchte, Vogelnester
	☼ – ◐	●●●	Insektenweide, insektenreich, Vogelfrüchte
	☼	●●●	Insektenweide, männliche und weibliche Blüten auf verschiedenen Pflanzen, Vogelfrüchte
	☼ – ◐	●●●	Insektenweide, Blütenpracht, Vogelfrüchte, Vogelnester, Heilpflanze
	☼ – ◐	●●●	Insektenweide, Blütenpracht, Vogelfrüchte
	☼ – ◐	●●●	Insektenweide, Blütenpracht, Vogelfrüchte, Vogelnester, Heilpflanze
	☼ – ◐	●●●	Insektenweide, Blütenpracht, Blütenduft, Vogelfrüchte
	☼ – ◐	●●●	Insektenweide, Blütenpracht, wohlschmeckende Früchte, Vogelfrüchte, Vogelsamen, Vogelnester, Heilpflanze
	☼ – ◐	●●●	Insektenweide, Blütenpracht, Vogelfrüchte, Vogelnester
	◐ – ●	●●●	Hummelweide, Blütenpracht, Vogelfrüchte, Vogelnester
	☼	●●●	Insektenweide, wohlschmeckende Früchte, Vogelfrüchte, Vogelnester, Heilpflanze
	◐	●●●	Insektenweide, Blütenpracht, Vogelfrüchte, Vogelnester
	☼ – ◐	●●●	z.T. immergrün, Insektenweide, Blütenpracht, Blütenduft, Vogelbeeren

● = schattig, ◐ = halbschattig, ☼ = sonnig, ●●● = geeignet für Hecken; 🌳 = Einzelbaum/Einzelstrauch

DER MOND ALS GÄRTNER

Gewiss bin ich nicht abergläubisch, und meine Frau ist es auch nicht. Dennoch lautet ihr Lieblingssatz: »Es gibt viele Dinge zwischen Himmel und Erde, die wir nicht verstehen!« Dieser Satz hat nicht nur beim Lesen von Horoskopen in der Tageszeitung Gültigkeit, sondern auch im Garten. Meist folgt diesem Satz ein leicht Dahingesagtes »Schadet ja nix!«. Dieser Zusatz duldet dann keinen Widerspruch mehr. Mit ähnlichen Argumenten, die sich jeder wissenschaftlichen Betrachtung entziehen und bei Experten umstritten sind, hielt auch der Mond als Gärtner Einzug bei uns.

Es mag ein wenig schräg klingen, aber mein Urgroßvater glaubte ganz fest daran: Der Stand des Mondes ist beim Fällen eines Baumes mindestens so wichtig wie eine gute Axt. Das wollte Uropa höchstpersönlich von Holzfällern gelernt haben. Früher hielten sich nämlich alle Waldarbeiter an Mondzeiten, so sagte er immer. Angeblich stimmt die Qualität des Holzes nur dann. Generell gilt nach seinen Holzfällerregeln: Winterholz, das im Dezember und Januar gefällt wird, ist gutes Bau- und Werkzeugholz. Das lässt sich eigentlich ganz logisch erklären: Winterholz hat weniger Feuchtigkeit in sich, weil der Stoffwechsel des Baumes in dieser Zeit ruht. Und es gibt noch eine weitere Regel: Ein Baum soll kurz vor Neumond gefällt werden. Brennholz hingegen fällt man nach der Wintersonnenwende bei abnehmendem Mond.

Doch vom Wald zurück in den heimischen Garten. Getreu nach dem Ebbe- und Flutprinzip schwören mondgläubige Gärtner auf folgende Regel: Nimmt der Mond zu, steigen die Pflanzensäfte nach oben. Nimmt der Mond ab, fließen die Säfte nach unten in die Wurzeln. Die Schlussfolgerung ist simpel: Bestimmte Arbeiten im Garten dürfen nur an bestimmten Tagen erledigt werden. Um den richtigen Zeitpunkt zu erwischen, muss man nur in den Nachthimmel schauen (oder in den Kalender!). Unter Neumond versteht man die Zeit, in der der Mond nicht zu sehen ist. Dann dauert es 13 Nächte bis zum Vollmond. Man spricht in dieser Zeit vom zunehmenden Mond. Nur eine Nacht lang wird die Seite des Mondes vollends von der Sonne angestrahlt, die von der Erde aus zu sehen ist. Dann ist der Erdtrabant als Vollmond in voller Schönheit zu sehen. Danach nimmt er wieder ab. Die Monddiät dauert 13 Nächte.

Ich selbst arbeite natürlich tagsüber im Garten! Obwohl meine Frau mich auch mal nachts aus dem Bett und in die Beete schicken wollte. Bei aller Liebe zu Kräutern, Früchten und Blumen: Mein Schlaf ist mir heilig. Allerdings gestehe ich kleinlaut, dass himmlische Ernteregeln nicht nur Glaubens- und Geschmackssache sind. Es sind Erfahrungswerte, die ich seit Jahren beherzige. Dazu ein paar Fakten:

Wer Obst und Gemüse einlagern oder einkochen will, sollte es bei abnehmendem Mond ernten. Für Kartoffeln ist diese Regel besonders wichtig. Saatkartoffeln ernte ich hingegen bei Vollmond. Soll das Obst und Gemüse sofort auf den Teller, warte ich mit der Ernte auf den zunehmenden Mond. Es heißt, dass dann sogar die Nährwerte höher sind. Humbug hin oder her: Für mich spielt selbst beim Düngen der Stand des Mondes eine große Rolle. Jauche wirkt nach meiner Erfahrung am besten, wenn der Vollmond vom Nachthimmel lacht. Ansonsten wird bei abnehmendem Mond Kompost ausgebracht, Torf gestreut und der Rasen gemäht, damit er nicht so schnell nachwächst und mir mehr

Zeit im Liegestuhl bleibt. Apropos Rasen: Wenn ich ihn bei zunehmendem Mond mähe, wächst er schneller. Dafür ist er dann auch dichter. Im Frühjahr und Sommer jäte ich übrigens die Beete in Zeiten abnehmenden Mondes. Das Wild(un)kraut wächst dann nicht so schnell nach. Auch Obstbäume werden nur bei abnehmendem Mond gepflanzt oder beschnitten.

Nun weiß ich natürlich, dass jetzt so manche Hobbygärtner den Kopf schütteln. Aber warum nicht mal ausprobieren? Schadet doch nicht, wenn man mal beim Gärtnern in den Nachthimmel blickt.

Säen und Pflanzen bei abnehmendem Mond

- Kartoffeln, Radieschen, Möhren, Pastinaken, Rote Bete, Erbsen, Rhabarber, Erdbeeren, Sonnenblumen, Salbei
- Blühende Zwiebel- und Knollenpflanzen setzen

Säen und Pflanzen bei zunehmendem Mond

- Kräuter säen
- Rosen setzen, Himbeeren, Brombeeren und Stachelbeeren
- Blumenkohl, Kohlrabi, Bohnen, Erbsen, Knoblauch, Tomaten, Wassermelonen, Paprika, Porree, Gurken, Salat, Spinat und andere Blattgemüse pflanzen
- Junge Triebe umtopfen

DAS BIOGARTENREZEPT DES MONATS JANUAR

Rote-Bete-Suppe (Borschtsch)

Zutaten

- ca. 5 gekochte Rote Bete
- 6 El Rote-Bete-Saft vermischt mit 1 El Essig
- vermischt mit ca. ½ l saure Sahne
- Salz
- Dill, Petersilie

Für die Brühe

- ½ kg Rindfleisch (Hals oder Brust)
- ca. 500 g Schinkeneisbein
- 1–2 l Wasser
- ein paar schwarze Pfefferkörner
- 1–2 Lorbeerblätter
- ca. 2 Zwiebeln
- einige getrocknete Steinpilze (am besten in einem trockenen Weißwein zuvor eingeweicht und abgetropft)

Und so wird's gemacht:

Die Zutaten für die Brühe in einen großen Topf geben, Wasser auffüllen und zum Kochen bringen. Ca. drei bis vier Stunden halb zugedeckt bei schwacher Hitze köcheln. Später die Brühe passieren, überschüssiges Fett entfernen und Fleisch beiseitestellen. Die Rote Bete schälen und in feine Stäbchen oder Scheiben schneiden. In einem Topf mit Brühe angießen. Dann den Rote-Bete-Saft sowie den Essig und die saure Sahne dazugeben. Das Schinkeneisbein und ca. ⅓ des Rindfleisches in Würfel schneiden und ebenfalls in die Suppe geben. Dann abschmecken, aber nicht mehr kochen lassen. Mit der Petersilie und dem Dill bestreuen. Das übrige Rindfleisch schmeckt bestens kalt (mit einer großen Portion frisch geriebenem Meerrettich). Vielleicht wäre ja ein solcher kulinarischer Anlass gleichzeitig die Anregung, im Garten auch Meerrettich anzupflanzen. Wir haben's nie bereut.

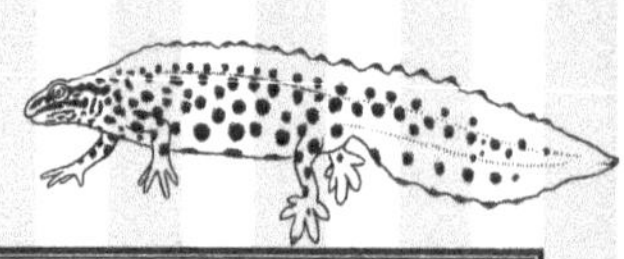

Februar

Der Februar bringt noch manch kalte Tage. Der köstliche Duft der Bratäpfel im Ofen erinnert uns an die reiche Ernte des vergangenen Spätsommers und Herbstes. Zugleich sind die Äpfel Ermahnung, dass noch nicht alle Obstbäume im Garten geschnitten sind. Jetzt, an diesem kalten Tag? Vielleicht morgen, da soll es etwas milder werden. Endlich: Die Schneeglöckchen haben sich voll entfaltet. Ein paar Tage später erscheinen, wie von Geisterhand gepflanzt, die gelb leuchtenden Winterlinge. Sie scheinen unter der jetzt geschmolzenen Schneedecke geradezu auf den Startschuss ins neue Gartenjahr gewartet zu haben. Schon sind auch die sattgrünen Blätter der Märzenbecher zu sehen. Ist es der Klimawandel? An den letzten – jetzt schon warmen – Februartagen lassen sich erste Teichmolche im Gartentümpel blicken. Was sie wohl machen, wenn er wieder zufriert? Doch das nahende Frühjahr scheint zu drängen. An geschützten Stellen, dort, wo sich die noch fahle Sonne stauen kann, sind schon die gelben Blüten des Huflattichs zu sehen.

DIE BLUME DES MONATS: PARFÜM, TEE UND EIN BLAUES AUGE

Wenn Boxer im Ring zu Boden gehen, haben sie oft ein Veilchen auf dem Auge. Das beliebte Stiefmütterchen ist tiefblau und passt von der Größe her durchaus auf ein Auge. Veilchen (*Viola*) sind vielseitig verwendbar: Meine Frau nimmt eine Handvoll Blüten, gießt heißes Wasser darüber, lässt alles zehn Minuten ziehen und brüht den Veilchenblütentee gegen ihre Erkältung auf. Der Edelitaliener verziert seinen Salat mit den essbaren Blüten und Oma hat früher Veilchenpuder geschätzt. Im Garten macht sich die Zierpflanze ganz hervorragend. Alle Stiefmütterchen sind beliebt. »Denn sie haben richtige Blumengesichter«, sagt meine Frau. Und die wilden Veilchen, die oft schon Ende Februar oder Anfang März an sonnigen, windgeschützten Stellen zu sehen sind, sind für mich auch erste Frühlingsboten.

DER PFLANZENDOKTOR KOMMT

Schon jetzt im Februar gilt es, im Biogarten für das kommende Frühjahr zu planen. Wer rechtzeitig an den biologischen Pflanzenschutz denkt, erlebt später keine unliebsamen Überraschungen. Bald erfreuen wir uns doch alle an den Schmetterlingen wie Pfauenauge, Kleiner Fuchs, Distelfalter und Bläuling. Sind doch Falter Symbole des Sommers und der Wärme. Jeder Schmetterling war auch mal eine Puppe und davor eine Raupe. Doch vermehren sich die Raupen mancher Arten zu schnell – wie so mancher Nachtschmetterling –, können sie zu Schädlingen werden. Auch die Larven von Käfern und Maden mancher Fliegen wirken oberflächlich wie Raupen und sind genauso gefräßig. Sie überfallen die Pflanzen quasi aus dem Hinterhalt, fügen Blättern und Blüten mit ihren gefährlichen Mundwerkzeugen schwere Verletzungen zu und fressen alles auf, was wächst. Die Pflanzenkiller sind unersättlich und ziehen oft erst weiter, wenn alles kahl gefressen ist.

Doch Pflanzen sind nicht ganz so hilflos, wie es scheint. Und sie halten zusammen! Sie haben zwar keinen Mund, aber sie können sich gegenseitig warnen und sogar auf ihre stille Art »Achtung, Raupe!« rufen. Wenn die Fressfeinde in der Überzahl sind, alarmieren Pflanzen die Insektenpolizei. Sie schlagen so lange Alarm, bis die Schlupfwespen und andere Fressfeinde kommen. Und das ist für Raupen das Todesurteil.

Sie glauben die Geschichte nicht? Dabei ist sie so wahr, wie auf den Tag die Nacht folgt. »Wir denken, das Grünzeug wächst so einfach vor sich hin«, so Professor Dr. David G. Heckel, Insektenforscher vom Max-Planck-Institut für Chemische Ökologie in Jena, in einem Interview mit einer großen deutschen Zeitung. »Doch das ist nicht der Fall – überall um uns herum findet Kommunikation statt.« Die ganze Zeit reden Pflanzen mit anderen Pflanzen, und sie kommunizieren sogar mit Insekten. Professor Heckel und seine Kollegen hören den geschwätzigen Pflanzen zu und gewinnen dabei erstaunliche Erkenntnisse.

Sie haben zum Beispiel die chemische Formel für das Wort

»Hilfe!« im grünen Wörterbuch der Pflanzen entschlüsselt: Die Buchstaben sind chemische Botenstoffe wie etwa das Pflanzenhormon Jasmonsäure. Werden Pflanzen von Raupen attackiert, senden sie eine Art chemischen Notruf aus, indem sie diesen Alarmstoff abgeben. Sofort weiß die ganze Pflanzennachbarschaft Bescheid! Die Neuigkeit wird von Pflanze zu Pflanze weitergegeben. Es rufen sogar Pflanzen um Hilfe, die noch gar nicht von den Raupen angefressen worden sind. Sie solidarisieren sich also mit ihren Leidensgenossen. Im Labor haben die Forscher verfressene Raupen imitiert und mit einer Art elektrischem Locher Blattschäden simuliert. So konnten sie unter Laborbedingungen untersuchen, wie die Pflanze auf die Schäden reagiert. Sie fingen die Duftmoleküle der geschädigten Pflanzen auf und analysierten auf diese Weise die Pflanzensprache. Es klingt wie ein Wunder: Pflanzen haben weder Herz noch Hirn, aber sie fühlen Schmerzen und »schreien« sogar laut, bevor sie verdursten. So wie die Rosen in einem Laborversuch. Wissenschaftler haben den Pflanzen kein Wasser mehr gegeben und dann die Schwingungen aufgezeichnet, die von den verdurstenden Rosen ausgingen.

Es gibt viele Phänomene im Pflanzenreich, die uns Menschen nachdenklich stimmen: So konnten Forscher feststellen, dass Tomatenpflanzen auf das Parfüm einer Laborantin heftig reagierten – sie konnten es riechen. Wenn ein Tiefdruckgebiet aufzieht, bilden Tomatenpflanzen schon Tage vorher eine dickere Außenhaut gegen das schlechte Wetter – sie können Regen vorhersagen. Werden Tabakpflanzen von Viren angegriffen, produzieren sie Salicylsäure. Das ist der gleiche Wirkstoff, der in Kopfschmerztabletten vorhanden ist. Pflanzen verfügen über ihr eigenes Schmerzmittel!

Wie auch immer. Wir sollten Tiere und Pflanzen nicht in nützlich und schädlich einteilen. Zu Schädlingen werden sie nur, wenn das natürliche Gleichgewicht aus den Fugen gerät. Sorgen wir also für genügend ökologische Nischen im Biogarten, damit die Feinde der potenziellen Schädlinge in Schach gehalten werden.

Schöner Frühling, komm doch wieder,
Lieber Frühling, komm' doch bald,
Bring' uns Blumen, Laub und Lieder
Schmücke wieder Feld und Wald.

Auf die Berge möcht' ich fliegen,
Möchte seh'n ein grünes Tal,
Möcht in Gras und Blumen liegen
Und mich freu'n am Sonnenstrahl.

Möchte hören die Schalmeien
Und der Herden Glockenklang,
Möchte freuen mich im Freien
An der Vögel süßem Sang.

August Heinrich Hoffmann von Fallersleben (1798–1874)

DER PFLANZENDOKTOR UND SEIN TEAM

Jeder Gärtner kann sein eigener Pflanzendoktor sein und die Heilkräfte seiner Schützlinge mit natürlichen Mitteln und ganz ohne Gift stärken. Raubinsekten wie Florfliegen und die verschiedenen Marienkäfer sind im Garten stets willkommen. Sie knabbern gern Blattläuse. Mit ihren Netzen gehen die Kreuzspinne und ihre Verwandten auf Blattlausjagd. Sie fängt die geflügelten Exemplare schon auf ihrem Flug zur Fressorgie aus der Luft. Flor- und Schwebfliegen sind besonders effektive Insektenfresser, wenn sie noch nicht »erwachsen« sind. Im Larvenstadium ist ihr Vernichtungsfeldzug gegen Blattläuse und -sauger sowie Spinnmilben perfekt. Während die Larven zur Speerspitze der Insektenpolizei gehören, sind erwachsene Flor- und Schwebfliegen harmlose Vegetarier, die sich von Pollen und Nektar ernähren (siehe Seite 93f.).

Zur Insektenprofipolizei der Nützlinge gehören neben Raubmilben vor allem Schlupf- und Grabwespen. Diese Wespen haben sich einen besonderen Trick ausgedacht, um ihre bevorzugten Schädlinge wie Schild- und Blattläuse und die Raupen des Kohlweißlings abzumurksen: Sie legen ihre Eier im Körper der Schadinsekten ab, die dann später bei lebendigem Insektenleib vom geschlüpften Wespennachwuchs verspeist werden. Auf dem Speisezettel der Raubmilben stehen Schädlinge wie Spinn- und Brombeermilben. Ohrwürmer fressen am liebsten Insekteneier, während einige Laufkäferarten es sogar mit Schnecken aufnehmen!

Man kann sich Profiinsekten zur Schädlingsbekämpfung auch aus dem Katalog bestellen und per Post ins Haus liefern lassen. Doch die Insektenpolizei aus dem Versandhaus ist eher für Profigärtner mit großen Unterglaskulturen geeignet. Unsere Hobbygärten sind für den militärischen Einsatz von Raubinsekten oft einfach zu klein. Dann finden die stets hungrigen Fresser nicht genug Schädlinge, um satt zu werden, und fliegen im Freiland einfach davon. Dabei ist es gar nicht so schwierig, die Helfer in der Natur anzulocken. Florfliegen etwa lieben Katzenminze. Sie fliegen gewissermaßen darauf, denn der Duftstoff der Katzenminze ähnelt ihrem Sexuallockstoff. Damit sich die Insektenpolizei im Garten wohlfühlt, sollten Hecken und heimische Sträucher gepflanzt werden. Sie lieben Kräuter wie Fenchel, Thymian, Rosmarin, Salbei und Dill, aber auch ungefüllte Pfingstrosen, Ringelblumen, Glockenblumen, Margeriten, Schafgarbe und viele Laucharten. Damit die Nützlinge in den Garten kommen, sollten immer irgendwo ein paar blühende – ungefüllte – Pflänzchen stehen. Nützlinge sind in vielerlei Hinsicht Blumenfreunde! Sie können ihre Lieblingspflanzen schon von weither riechen. Eine Ecke mit Wildblumen im Garten wirkt also wie eine Einladung zum Essen.

VERDUFTE!

Stichwort Riechen! Im Insektenreich funktioniert extrem viel über die »Nase« (oder womit auch immer diese Tiere Düfte wahrnehmen). Das Prinzip funktioniert natürlich auch andersherum: abwehren statt anlocken. Wer will, dass Insekten aus dem Garten verduften, muss wissen, was ihnen stinkt. Ameisen sind beispielsweise mit manchen Kräutern leicht zu vertreiben. Wenn sie Lavendel, Majoran oder die frischen Blätter von Kerbel riechen, verlassen sie sogar ihre Löcher. Und genau hier müssen die Kräuter vom Gärtner platziert werden. Ich habe es mit einem Tontopf erfolgreich geschafft, meine Ameisen auszusiedeln. Einfach den Topf auf die Ameisenstraße stellen. Und schon nach kurzer Zeit haben es sich die emsigen Insekten im Topf gemütlich eingerichtet. Mit dem Topf verschwinden dann auch die Ameisen von der Stelle, wo ich sie loshaben will.

Mit Holunder kann man sogar größere Tiere wie Wühlmäuse vertreiben. Einfach Holunderzweige und zerkleinerte Blätter des Strauches in die Gänge geben – und die Wühlmaus nimmt Reißaus. Bei besonders hartnäckigen Exemplaren hilft Jauche aus Holunderblättern. Um die Wurzeln fressende Maulwurfsgrille zu vertreiben, muss man Erlenrinde abkochen und aufs Beet gießen. Das mögen die Grillen gar nicht. Vor der Vertreibung sollte man bedenken, dass Grillen durchaus auch Appetit auf Schädlinge haben. Wenn sie sich allerdings über junges Gemüse hermachen, muss man wohl zur Erlenrinde greifen.

Gibt es junges Gemüse, kriechen auch die Schnecken zu Tisch. Schneckenabwehr ist ein Thema, das so manchen Gärtner zur Verzweiflung getrieben hat. Die Schleimer sind einfach verfressene Widerlinge. Jeder Gärtner hat irgendeinen Geheimtipp. Es gibt pfiffige Methoden, doch am Anfang steht meistens das leidige Schneckensammeln. Auch da sind der Fantasie des Gärtners kaum Grenzen gesetzt. Die Schleimer versammeln sich gern unter ausgelegten Rhabarberblättern. Das kann man sich zunutze machen. Einfach die Blätter auslegen und schon gründen die fiesen Viecher einen Verein. Auch auf Kleie haben sie es abgesehen. Abends kleine Kleiehäufchen im Garten auslegen, morgens große Schnecken einsammeln. Wohin damit? Das bleibt jedem selbst überlassen (nur nicht in Nachbars Garten!). Im Fachhandel gibt es natürlich jede Menge Gift. Das ist im Biogarten natürlich tabu! Und wer soll all die sich auflösenden Schneckenleichen hinterher einsammeln? Halten Sie sich lieber einen Igel oder eine Spitzmausfamilie. Sie sind als Schneckenvertilger bekannt.

HIER WOHNEN DIE NÜTZLINGE IM WINTER

In aufgeräumten Gärten findet die Insektenpolizei kein Quartier. Um zu überwintern, reicht den Nützlingen schon ein alter Baum mit loser Borke, abgestorbene Pflanzenstängel oder die Ritzen und kleinen Spalten in Steinmauern und Holzwänden. Ich habe ihnen ein richtiges kleines Hotel aus Baumscheiben und Lochziegeln gebaut, das sie später auch als Brutplatz und »Einsatzzentrale« nutzen. Auch in den Ritzen meiner Trockenmauer (siehe Seite 213ff.) gibt es Refugien für die Überwinterung der fleißigen Pflanzenschützer. In den Zwischenräumen finden sie nämlich genügend Platz zur Eiablage. Viele Arten überwintern ja als Ei oder Puppe. Für die Ohrwürmer habe ich Tontöpfe mit Holzwolle und Moos gefüllt und mit der Öffnung nach unten in die Obstbäume gehängt, Florfliegen überwintern bei mir in Laubhaufen, die ich extra für die Nützlinge im Garten liegen lasse. Unsere heimischen Marienkäfer habe ich im Winter schon unter Steinhaufen und in Baumritzen gefunden. Wer es sich einfach machen will, kann Insektenkästen im Fachhandel kaufen. Man glaubt gar nicht, wie widerstandsfähig die meisten Insekten gegen die Kälte sind. Manche Arten können Temperaturen bis zu minus 30 Grad locker wegstecken.

Wald im Miniformat: frei wachsende Gartenhecke.
① Zipfelfalter ② Amsel ③ Mönchsgrasmücke ④ Haselnussbohrer ⑤ Erdkröte ⑥ Igel ⑦ Blindschleiche ⑧ Hainbuche ⑨ Schlehe ⑩ Heckenrose ⑪ Schwarzer Holunder ⑫ Brombeere ⑬ Wolliger Schneeball

Die fliegende Führungselite der Pflanzenpolizei

Viele **Schlupfwespen** sind winzig. Die Weibchen mancher Arten legen bis zu 100 Eier in Gespinstmotten und Raupen. Ist der Nachwuchs geschlüpft, ernähren sich die Larven von den Schädlingen.

Viele **Schwebfliegen** sehen aus wie Wespen. Eine einzige Larve der Schwebfliege kann in einer Woche über 300 Blatt- und Blutläuse vertilgen.

Die **Florfliege** bevorzugt Milben und Blattläuse. Sie geht gleich im Frühjahr auf die Jagd.

Marienkäfer lieben Blattläuse. Sowohl die Larven als auch die Käfer gehen auf Läusejagd.

Der **Goldlaufkäfer** ist etwa vier Zentimeter groß. Er frisst sogar kleine Schnecken. Doch am liebsten mag er Maden, Raupen und Kartoffelkäfer.

VON SCHLANGEN, DIE KEINE SIND

Trotz intensivster Beobachtung des Gartens gibt die Natur nicht alle ihre Geheimnisse preis. So habe ich lange nicht bemerkt, dass auch in meiner Umgebung Blindschleichen leben. »Können Sie mal kommen, da ist eine Schlange vor meiner Kellertür«, sagte eine Nachbarin eines Tages. Als ich sie daraufhin in ihren Garten begleitete, zeigte sich dort, dass an einem Außenabgang zu ihrem Keller eine Blindschleiche gefangen war. Das arme Tier war wohl die Kellertreppe hinabgeglitten und konnte wegen der unüberwindbaren Stufen nicht mehr entkommen. Vorsichtig nahm ich das Tier in die Hand und setzte es am Rande des Gesträuchs zwischen unseren beiden Gärten ab. Währenddessen erklärte ich der Nachbarin, dass die Blindschleiche zwar aussieht wie eine Schlange, aber eigentlich eine Eidechse ist. Und ich habe ihr auch erzählt, dass alle Reptilien, egal ob Eidechsen, Schleichen oder Schlangen, geschützt sind.

Die Vorfahren der Blindschleiche besaßen vor Millionen von Jahren noch Beine. Am Knochengerüst dieser Reptilien sind noch Reste davon erkennbar. Im Laufe von Jahrmillionen – das älteste Fossil einer Eidechse in Schottland ist 340 Millionen Jahre alt – hat sich die Blindschleiche ihrer Umgebung angepasst und die Beine zurückgebildet. Sie zählt daher zu den Echsen und nicht zu den Schlangen, wie oft irrtümlich angenommen und behauptet wird. Die Blindschleiche bewegt sich lange nicht so schnell wie eine Schlange. Dazu fehlt ihr die starke Muskulatur, und auch ihre Wirbelsäule ist zu wenig beweglich. So schleicht sie fast schwerfällig mit ihren schlängelnden Bewegungen vorwärts. Unmittelbar neben ihr schiebt sich ein Bodentier durch eine erdige Röhre nach oben. Die Schleiche erkennt den Regenwurm sofort. Denn blind ist die Blindschleiche keineswegs. Ganz im Gegenteil: Sie hat wunderschöne Augen mit einer goldgelben bis rotgoldenen Iris. Im Gegensatz zu den Schlangen kann die Verwandte der Eidechse ihre Augen sogar mit Lidern verschließen. Gleich darauf wird der Regenwurm mit dem fein gezähnten Mund gepackt. Die Schleiche hat es nicht eilig, denn eine halbe Stunde vergeht, bis die Beute schließlich verschlungen ist. Wenn sich Blindschleichen am Heckenrand oder an Waldrändern aufhalten oder an offenen Stellen von Lichtungen Ameisen aufschnappen, geht das schon viel schneller.

Bereits am frühen Vormittag zieht sich die Schleiche wieder in ihren Schlupfwinkel unter einer Wurzel zurück. Es ist ihr zu heiß. Erst am Abend, bevor die Sonne untergeht, hat man vielleicht Glück und trifft zufällig auf sie. Der Nachwuchs wird Ende Juli geboren. Im Gegensatz zur Eidechse legt sie jedoch keine Eier. In Anpassung an ihren kühleren Lebensraum brütet sie die Jungen im Mutterleib aus, so dass diese lebend zur Welt kommen. Die Jungen sind sofort alleine lebensfähig. Sie kümmert sich deshalb auch bald nach der Geburt nicht mehr um sie. Mit ihrer Zunge, auf der die Riechorgane liegen, »riecht« das Tier die Beute. Dazu gehören auch Nacktschnecken. Dank ihrer spitzen Zähnchen bewältigt die Blindschleiche die schleimige Hülle des Weichtieres problemlos. Als wechselwarmes, auf die Außentemperatur angewiesenes Tier ruht die Blindschleiche während der Nacht. Ihre Körpertemperatur sinkt entsprechend der Umgebungstemperatur, so dass sie fast unbeweglich wird. Daher muss sie sich gut verstecken, damit ihre Feinde sie in dieser hilflosen Phase nicht finden.

Wer der Blindschleiche im Garten einen Lebensraum bieten will, sollte Stein- und Reisighaufen anlegen und andere ungestörte Plätze mit Altholz und frei wachsenden Sträuchern zur Verfügung stellen.

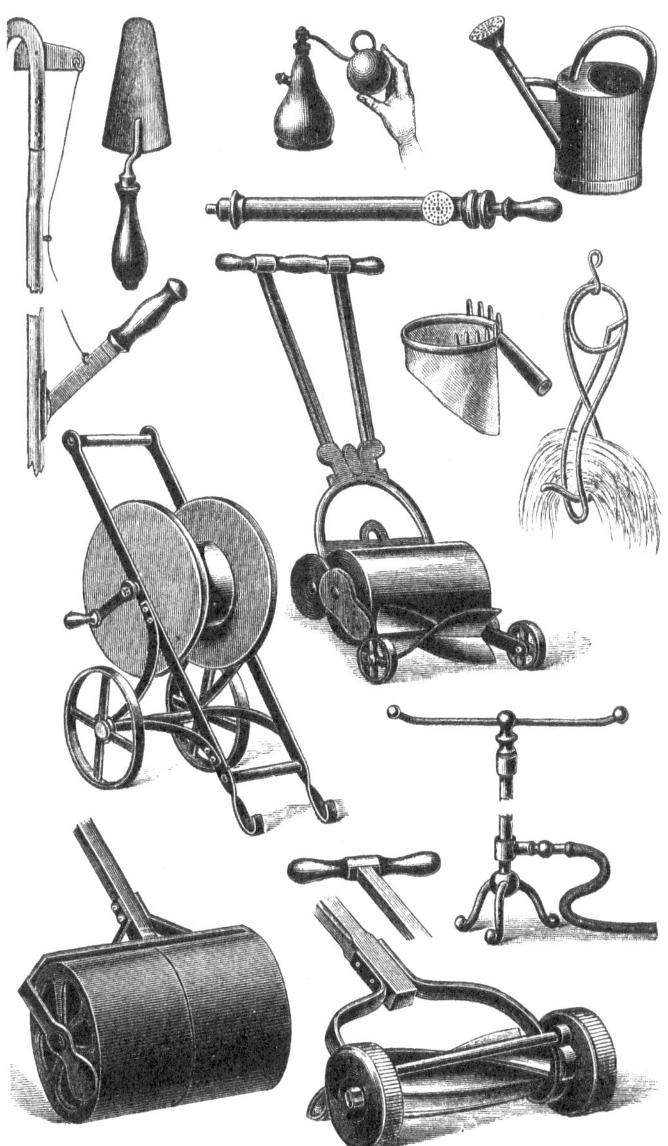

Setzen, gießen, mähen, ernten – seit 150 Jahren haben sich Gartengeräte nicht allzu sehr verändert.

Tierfallen entschärfen

Hunderttausende von Kleintieren wie Blindschleichen, Schlangen, Molche und Kröten gehen alljährlich elendig zugrunde, weil sie in Gullys, Lichtschächte und andere Tierfallen geraten. Selbst wenn sich die Tiere noch einige Zeit von ebenfalls in die Falle geratenen Insekten oder Würmern ernähren können, gehen sie spätestens nach dem nächsten Frost ein. Jeder Haus- und Gartenbesitzer kann im Umfeld seines Gartens mit einfachen Mitteln dafür sorgen, dass alle eventuellen Tierfallen entschärft werden. So kann man unter den Gullydeckeln ebenso wie an den Lichtschächten engmaschige Gitter anbringen. Zuvor sollten die Schächte genau untersucht werden, ob sich nicht schon Tiere darin befinden!

DAS BIOGARTENREZEPT DES MONATS FEBRUAR

Karottentorte

Mein Opa hat die Karotten, oder, wie wir sagen, »gelbe Rüben«, immer in Sand eingegraben, damit sie sich länger halten. Heute bekommt man jedoch Karotten ebenso wie anderes Gemüse das ganze Jahr über frisch. Doch am besten schmecken immer noch die aus dem eigenen Garten. Wenn wir als Kinder große Abscheu vor Karottengemüse gezeigt haben, so haben wir doch Karotten- oder Rüblitorten, wie die Schweizer sagen, mit Hochgenuss verspeist.

Zutaten

- *ca. 200 g Karotten*
- *5 Eier*
- *200 g brauner Zucker*
- *etwas Salz*
- *60 g Mehl*
- *ca. ½ Päckchen Backpulver*
- *300 g geschälte und gemahlene Mandeln*
- *1–2 El Cognac oder vergleichbarer Weinbrand*
- *etwas Margarine*
- *ca. 3–4 El Semmelbrösel*

Für den Guss

- *200 g Puderzucker*
- *3 El Rum*
- *3 El Zitronensaft*

Und so wird's gemacht:

Karotten sauber waschen und fein raspeln. Eiweiß vom Eigelb trennen und das Eigelb mit dem Zucker und einer Prise Salz schaumig rühren. Dann Backpulver mit Mehl vermischen, Mandeln und die mit Weinbrand »gewürzten« Karotten in die Eigelb-Zucker-Mischung einrühren. Eiweiß zu steifem Eischnee schlagen und unterziehen. Dann den Teig in eine gut gefettete, mit Semmelbröseln ausgestreute Springform füllen und im vorgeheizten Backofen ca. 50–60 Minuten bei ca. 175–200°C backen.

Für den Guss Puderzucker, Rum und Zitronensaft zu einer glatten Masse rühren. Die erkaltete Torte mit der Glasur überziehen. Manche Köchinnen oder Köche lieben es, Rüblitorten mit kleinen Marzipanrübchen zu verzieren. Für mich ist Marzipan ein absoluter »Graus« – doch manchem schmeckt's. Ich bevorzuge Rüblitorte pur. Diese sollte übrigens vor dem Anschneiden ca. einen Tag stehen gelassen werden; dann entfaltet sich das Aroma am besten.

März

Frühling läßt sein blaues Band
Wieder flattern durch die Lüfte;
Süße, wohlbekannte Düfte
Streifen ahnungsvoll das Land.
Veilchen träumen schon,
Wollen balde kommen.
– Horch, von fern ein leiser Harfenton!
Frühling, ja du bist's!
Dich hab ich vernommen!

Eduard Mörike (1804–1875)

Treffender als Eduard Mörike könnte man das beginnende Frühjahr wohl nicht beschreiben. Die Luft riecht jetzt anders und der Boden scheint Frische auszuatmen. Schlüsselblumen und Narzissen bringen Farbe in den Biogarten. Dann das erste herrliche Frühjahrsgrün. Jetzt wird ein Butterbrot mit frischem Schnittlauch zu etwas ganz Besonderem. Im Märzen der Bauer die Rösslein einspannt. Längst sitzen die Bauern auf großen Traktoren, im Märzengarten ist fast alles beim Alten geblieben. Hacken, rechen, Beete herrichten, den Boden fürs Säen vorbereiten und Pflanzen setzen. Was kommt wohin? Gibt's noch Platz für weitere Küchenkräuter? Was kommt ins Frühbeet? Ende des Monats sind auch schon die ersten Singdrosseln zu hören. Sie sind meist die ersten fliegenden Frühlingsboten unter den Zugvögeln. Auch die Insektenwelt ist aufgewacht. Solitärbienen schwirren vor den Nisthilfen an der Gartenhütte auf und ab. Die Buschwindröschen entlang der Gartenhecke, die Traubenhyazinthen vor der Trockenmauer und die Blaukissen geben ihnen erste Nahrung.

DIE BLUME DES MONATS: EIN SCHÖNER JÜNGLING NAMENS NARZISS

Sonnengelb (und manche Sorten Weiß mit Orange) leuchten jetzt die Narzissen (*Narcissus pseudonarcissus*), die auch Osterglocken genannt werden. Denn diese Frühlingsblume

Waldpflanzen unter der Wildhecke, Frühjahr: ① Hohler Lerchensporn ② Bärlauch ③ Schneeglöckchen ④ Buschwindröschen ⑤ Blaustern ⑥ Maiglöckchen ⑦ Waldmeister ⑧ Knoblauchsrauke ⑨ Scharbockskraut ⑩ Hohe Schlüsselblume **Ganzjährig:** ⑪ Haselwurz ⑫ Immergrün ⑬ Waldsauerklee ⑭ Walderdbeere

läutet mit all ihrer Pracht das Fest der Auferstehung Christi ein. Überall schieben sich die Blüten aus den Zwiebeln und stehen bis zu 40 Zentimeter über dem Boden. Das ist ein sicheres Zeichen: Jetzt ist der Frühling nicht mehr aufzuhalten! Es gibt mittlerweile viele tausend Sorten, doch die Gelbe Narzisse bestimmt immer noch das Bild in Gärten und Parks. Sie verdankt ihren Namen einem extrem eitlen Jüngling aus der griechischen Sage: Er hieß Narziss und liebte nur sich selbst. Auch die Blume ist ein bisschen selbstverliebt: Sie verträgt sich in der Vase nicht mit anderen Blumen. Außerdem ist sie ungenießbar, denn Narzissen sind giftig. »Doch wer isst schon Narzissen?«, fragt meine Frau und schüttelt den Kopf.

BODEN – NEBEN WASSER UND LUFT UNSERE WICHTIGSTE LEBENSGRUNDLAGE

Kennen Sie das Gefühl? Meist so Anfang, Mitte März ist das Frühjahr regelrecht zu riechen. Obwohl Bäume und Sträucher noch nicht belaubt sind und noch keine Blumen ihre Aromen in die Lüfte senden, riecht es vollkommen anders als im Herbst. Wer jetzt etwas Gartenerde in die Hand nimmt, kann selbst erschnuppern, wie die Natur schon von ihren Düften her zu neuem Leben erwacht. Auch nach vielen Jahren Arbeit im Garten freue ich mich jedes Mal aufs Neue, wenn der Boden wieder nach Frühling riecht. Nachdem immer weniger Menschen direkt in der Land- und Forstwirtschaft tätig sind (dies sind ja heute unter zwei Prozent der Bevölkerung Deutschlands) und viele junge Leute nicht mehr im Garten arbeiten, geht mehr und mehr das Gefühl für den Boden und das Wissen über den richtigen Umgang mit dem Boden verloren. Selbst bei mancher Diskussion und Exkursion mit Abiturienten musste ich schon staunen. Oft haben 80 Prozent einer Klasse noch nie eine Tomate gepflanzt, noch nie Radieschen ausgesät, einen Baum oder einen Strauch gesetzt. Woher sollen sie dann das Gefühl für Erde und Boden haben? Dabei ist der Boden zusammen mit Luft und Wasser unsere wichtigste Lebensgrundlage.

Betrachten wir einmal das Bodeninnere näher; oder tun wir vielmehr so, als ob wir – gerade so wie ein Maulwurf – in den Boden abtauchen könnten. Wir würden dann erkennen, dass der dünne Mantel nur ganze fünf bis 40 Zentimeter am Ende der 6378 Kilometer langen Strecke zwischen Erdmittelpunkt und Erdoberfläche misst. Er wird auch Mutter- oder Oberboden sowie Krume genannt. Bereits ab einer Tiefe von mehr als 15 Zentimetern nimmt das mit bloßem Auge sichtbare Bodenleben in der Regel stark ab. Es mehren sich mit fortschreitender Tiefe die groben Bodenteile. Diesen Untergrund erreichen nur tiefer gehende Wurzeln oder im Winter die Regenwürmer, wenn sie sich in frostfreie Zonen zurückziehen. Der Unterboden ist verhältnismäßig unfruchtbar, was sich dann bemerkbar macht, wenn er beim Umgraben nach oben gelangt und es lange Zeit dauert, bis Pflanzen darauf gedeihen. Je nach dem Standort folgt in größerer oder geringerer Tiefe der Untergrund aus Gestein, auf dem der weiche Bodenbelag aufsitzt. Besäßen wir bei der Reise ins Erdinnere mikroskopische Augen, so würden wir feststellen, wie es zwischen den Krümeln in den oberen Zentimetern des Bodens vor Leben nur so wimmelt. Allein unter einem Ackerboden von einem Quadratdezimeter Größe leben 500 bis 2000 wirbellose Tiere wie Regenwürmer, Springschwänze oder Fadenwürmer. In jedem Gramm gesunden Garten- oder Wiesenbodens befinden sich außerdem etwa 600 000 Bakterien, ca. 400 000 Kleinstpilze, bis zu 200 000 Algen und fast 40 000 allerwinzigste Urtierchen. Die Mikroorganismen einer Fläche von einem Hektar würden etwa 25 000 Kilogramm auf die Waage bringen, wenn man sie wiegen könnte. Es sind unvorstellbare Zahlen aus einer Welt, die uns zumeist unsichtbar bleibt. Was aber macht den typischen Erdgeruch aus, den wir besonders im Frühjahr wahrnehmen können? Dafür verantwortlich sind Lebewesen mit der Bezeichnung Actinomyceten. Sie stehen zwischen Bakterien und Pilzen und sind auch als Strahlenpilze bekannt. Eine Reise ins Erdreich braucht also nicht gleich bis zum Mittelpunkt des Planeten zu gehen, will man auf den wahren Kern der Unterwelt stoßen.

KLETTERPFLANZEN: IMMER AUF DEM WEG NACH OBEN

Wenn man sich die Gemälde der großen alten europäischen Meister anschaut, sieht man unsere Vorfahren im Mittelalter in gemütlichen Gartenlauben sitzen, die von Kletterpflanzen beinahe zugerankt sind. In der Renaissance gab es keinen Garten ohne Kletterpflanzen.

Fürs Gärtnern in luftigen Höhen eignen sich Kletterpflanzen natürlich besonders gut. Mit ihnen kann man künstlerisch gestalten: Zäune und alte Schuppenwände lassen sich problemlos begrünen, Terrassen in blumige Sitzinseln verwandeln, und der Ausblick auf das langweilige Nachbargrundstück kann mit einem grünen Klettervorhang ruckzuck verhängt werden. Auch die hässliche Garagenfront lässt sich leicht kaschieren. Viele dieser Pflanzen verbreiten obendrein wundervolle Wohlgerüche.

Mit Spalieren, frei stehenden Klettergerüsten, Drahtseilen und Holzlatten ist beinahe alles möglich. Man kann montagefertige Kletterhilfen im Gartencenter kaufen oder Eigenkonstruktionen bauen. Nur bei der Fassadenbegrünung sollte man vorsichtig zu Werke gehen: Manche Pflanzen haben durchaus Zerstörungspotenzial. Sie stecken ihre kleinen Haftwurzeln gnadenlos in jede Ritze und sprengen auf Dauer selbst solides Mauerwerk. Schon winzige Risse im Putz werden genutzt, um ins Mauerwerk einzudringen. Dabei hat die Fassadenbegrünung durchaus auch positive Aspekte: Es sieht nicht nur gut aus, es schafft auch einen gewissen Schutz vor Witterungseinflüssen, und manche behaupten, dass das Raumklima im Wohnraum zum Garten viel besser als in den übrigen Zimmern des Hauses sei.

Wer das ganze Jahr grün sehen will, pflanzt am besten immergrüne Kletterkünstler wie das Geißblatt oder Efeu. Für Farbfreaks gibt es eine unglaubliche Vielzahl von Blüten mit spektakulärem Aussehen im Angebot. Clematis und Blauregen tun sich da besonders hervor. Doch die Passionsblume ist sicher die mondäne Königin auf der Hitliste der Farbenfreudigkeit. Feuerdorn hingegen erfreut mit wunderschönem Fruchtschmuck, und Wilder Wein ist nicht nur wegen seiner Verfärbung im Herbst so beliebt. Sauer macht ja bekanntlich lustig: Die Trauben des *Vitis vinifera* machen sogar sehr lustig! Sie sind zwar elend sauer, aber immerhin essbar. Und die Passionsfrucht bringt je nach Sorte und geeignetem Standort sogar Maracujas hervor. Daneben gibt es Kiwis, Weintrauben und vieles andere zu pflanzen.

Wer also auf der Terrasse oder dem Balkon Früchte ernten will, kann sich gleich vom Liegestuhl aus bedienen. Außerdem bestechen die meisten kletternden Fruchtproduzenten durch attraktive Blüten und herrliches Laub.

Die Kletterkünstler und ihre Ausrüstung

Kurz möchte ich doch die Extremsportler unter den Pflanzenkletterern vorstellen: Da gibt es die Ranker. Sie halten sich mit korkenzieherartigen Pflanzenteilen fest. Zu ihnen gehört die Weinrebe mit ihren vielen Sorten. Ranker arbeiten mit beweglichen, federnden Schlingen, die später verholzen. Sie halten sich gern an Gittern, Sprossen und Gerüsten fest. Für Ranker sind Kletterhilfen ideal. Selbstklimmer wie Efeu oder Wilder Wein brauchen keine Kletterhilfen: Sie arbeiten mit Haftwurzeln (beim Wilden Wein sind sie scheibchenförmig wie die Zehen eines Geckos) und wandern zum Erstaunen mancher Hausbesitzer völlig selbstständig sogar glatte Wände hoch wie Spiderman im Fantasyfilm. Spreizklimmer wie Kletterrosen oder der im Dezember/Januar blühende Winterjasmin haken sich einfach mit abstehenden Zweigen oder Dornen an anderen Pflanzen fest. Sie haben keine Haftorgane, aber sie kommen auf ihre Art auch ganz gut zurecht.

Schlinger oder Winder dagegen besitzen richtige Kletterorgane. Wie ein Schraubstock umschließen sie andere Pflanzen, Stämme und Äste und klettern problemlos senkrecht nach oben. Zu ihnen gehören der Blauregen und das Kleine Geißblatt sowie die Waldrebe. Eine echte Liane aus dem heimischen Auwald. Es gibt übrigens Rechts- und Linkswinder.

Die meisten Kletterpflanzen wachsen so schnell, dass meine Frau meint, sie könne ihnen dabei zuschauen. Man muss nur ein wenig auf ihre Bedürfnisse eingehen. Die meisten sind genügsame Selbstversorger. Manche mögen's heiß, andere wieder brauchen viel Feuchtigkeit, dürfen aber keine nassen Wurzelfüße bekommen.

Der Rückschnitt ist wichtig und für viele Kletterpflanzen geradezu eine Kraftquelle. Dabei muss der Gärtner sehr genau zwischen Frühjahrs- und Sommerblühern unterscheiden. Während letztere wie die Trompetenblume im Februar, spätestens aber im März stark zurückgeschnitten werden, bekommen Frühblüher einen sanften Schnitt erst nach der Blüte verpasst. Beim Blauregen kürzt man die Jahrestriebe im August stark ein, um viele Blütenstände zu erhalten. Es mag radikal anmuten, die Pflanzen so heftig zu beschneiden. Aber es tut ihnen gut, gibt wieder Kraft und fördert die Blüten.

Jeden Morgen in meinem Garten
öffnen neue Blüten sich dem Tag.
Überall ein heimliches Erwarten,
das nun länger nicht mehr zögern mag.

Die Lenzgestalt der Natur ist doch wunderschön,
wenn der Dornbusch blüht und die Erde
mit Gras und Blumen prangert.

Matthias Claudius (1740–1815)

20 Kletterkünstler für Garten, Terrasse, Balkon und Fassaden im Kurzporträt

Die Königin der Kletterpflanzen ist für mich die Passionsblume. Ihre Blüten sind so dominant und in allen Farben zu haben: Ob königliches Dunkelblau, kitschiges Pink, dramatisches Rot oder elegantes Weiß – im Malkasten von Mutter Natur stehen für die Passionsblume viele Farben zur Auswahl. Doch es gibt noch viele andere Schönheiten im Königreich der Kletterpflanzen (siehe auch Tabelle zu diversen heimischen und in den Gärten eingebürgerten Kletterpflanzen, Seite 71f.). Die im Folgenden aufgeführten 20 Kletterpflanzen zählen sicherlich zu den wichtigsten: Zumindest haben sie in den letzten Jahren unter den Pflanzen Kletterkarriere im Garten gemacht.

Actinidia chinensis oder Chinesischer Strahlengriffel ist eine Liane mit cremigweißen oder orangefarbenen Blüten und langen herzförmigen Blättern. Sie braucht einen sehr sonnigen, windgeschützten Standort und kann bis zu zehn Meter hochklettern. Die eiförmigen Früchte (Kiwis) sind essbar. Man kann sie ungeschält naschen. Da die Pflanze sehr empfindlich auf Frost reagiert, muss sie im Winter mit Stroh oder Reisig vor Kälte geschützt werden. Es gibt männliche und weibliche Pflanzen, um Früchte zu ziehen. Die Blüte startet Anfang Juni.

Aristolochia elegans, auch Gespensterblume oder Pfeifenwinde genannt, ist ein hervorragender Kletterer und perfekt für die Pergola geeignet. Die Pflanze braucht wenig Licht und fühlt sich im Halbschatten wohl, aber es muss ein windgeschützter Standort sein. Die großen kelchförmigen Blüten sind attraktiv dunkelviolett, verströmen jedoch einen unangenehmen, aasähnlichen Geruch. Außerdem ist die Pflanze giftig, Kinder und Haustiere fernhalten. Blütezeit von Juli bis September.

Beaumontia grandiflora oder Heroldstrompete wird wegen ihrer wunderschönen weißen trompetenförmigen, länglichen Blüten und dem betörenden Duft gern gepflanzt. Sie mag sonnige Standorte und kann bis zu acht Meter hoch werden. Die ovalen Blätter werden bis zu 25 Zentimetern groß, sie sind dunkelgrün. Die Heroldstrompete blüht im Frühjahr und kann auch als Busch gezogen werden, da die Triebe leicht verholzen. Doch Vorsicht: Die Pflanze ist giftig.

Bougainvillea wird auch als Drillingsblume bezeichnet. Das mediterrane Klettergewächs wird vor allem wegen der prallen Blütenpracht geliebt. Es gibt sie in Rot, Rosa, Gelb, Orange, Weiß, Violett und zweifarbig. Die Kletterpflanze wird bis zu fünf Meter hoch und liebt sonnige Standorte, kann Staunässe allerdings überhaupt nicht vertragen. Vor Regen schützen. Trockenheit fördert sogar die Blütenbildung. Bougainvilleen blühen von Mai bis weit in den September hinein. Der Name geht auf den französischen Entdecker L.-A. de Bougainville (1729–1811) zurück.

Cissus rhombifolia, auch Klimme und Russischer Wein genannt, ist ein Weinrebengewächs mit langstieligen rhombischen Blättern. Diese Art liebt helle Standorte, kommt allerdings auch im Halbschatten klar. Es gibt unterschiedliche Arten, einige haben nur grüne, andere bunte Blätter. Es ist eine schnell wachsende Pflanze.

Clematis oder Waldrebe gibt es in über 300 Arten, die meisten blühen von Juni bis in den September hinein. Sie erfreuen sich wegen der prallen Blütenfülle und Farbenpracht großer Beliebtheit. Es gibt sie in allen Farben von weiß bis tiefviolett. Was den Standort angeht, ist die Clematis unkompliziert. Sie mag Sonne, gedeiht aber auch im Schatten. Die Blütenformen sind sehr variantenreich: Sie heißen »Roter Kardinal«, »Mister Präsident« oder »Prince Charles« und sehen extrem unterschiedlich aus. Es gibt kleine und große Blüten sowie stark duftende.

Clerodendrum thomsoniae wird als Losbaum oder auch Schicksalsbaum bezeichnet. Hierbei handelt es sich um ein Verbenengewächs, das zu den Schlingsträuchern gehört. Es gibt über 400 Arten. Die schneeweißen Blütenkelche enden in roten Kronen und sehen mit den dunkelgrünen Blättern außergewöhnlich dekorativ aus. Die Kletterpflanze mag hell bis halbschattig und schön warm stehen, blüht von Mai bis September und wird bis zu drei Meter hoch.

Clianthus puniceus wird auch Papageienschnabel genannt. Die knallroten zangenartigen Blüten erinnern an die Scheren eines Hummers. Die Engländer nennen sie deshalb auch Lobster's claw (Hummerzange). Die Blätter sind immergrün. Die Pflanze wird knapp vier Meter hoch und braucht einen sonnigen Standort. Sie blüht von Mitte Juni bis in den Herbst hinein.

Hedera helix ist der botanische Name für Efeu. Die immergrüne Kletterpflanze, die bis zu 20 Meter hochwachsen kann, blüht erst im September/Oktober als halbkugelige Dolde in einem unscheinbaren grünlich gelben Farbton. Etwa 400 unterschiedliche Sorten mit sehr verschiedenen Blattformen und in vielen Farben wie violett, leuchtend gelb oder glänzend grün existieren heute im Fachhandel. Die Beeren sind giftig.

Humulus lupulus ist als Echter Hopfen bekannt und eine extrem schnell wachsende Pflanze, die auf sonnigen bis schattigen Standorten gedeiht und feuchten Boden braucht. Der Schlinger wird bis zu zehn Meter hoch, die Blätter sehen aus wie Weinblätter. Männliche Blüten sind unscheinbare Rispen, weibliche Kätzchen. Die Hopfenfrüchte sind hellgrün. Besonders schön wirkt Hopfen im Herbst, wenn er Früchte trägt. Der wilde Hopfen gedeiht in Auwäldern.

Ipomoea rubrocaerulea ist als Prunkwinde bekannt. Die Schlingpflanze kann bis zu drei Meter hoch werden und braucht im Frühjahr viel Wasser. Die kleinen, zarten Blüten sind trompetenförmig und blühen von Juli bis in den Oktober hinein. Die Blüten sind meistens hellblau, aber es gibt Züchtungen auch in Blauweiß marmoriert, Dunkelviolett und Karminrot. Sie blühen morgens am schönsten und werden deshalb von den Engländern »Morning glory« genannt. Prunkwinden brauchen ein sonniges, windgeschütztes Plätzchen.

Jasminum nudiflorum ist als Winterjasmin oder Winterginster bekannt und blüht – wie der Name schon sagt – den ganzen Winter über von Dezember bis April. Die Knospen überstehen sogar Frost. Winterjasmin kann bis zu zwei Meter hochwachsen und ist, was den Standort angeht, eher anspruchslos. Die kleinen gelben Blüten duften nicht. Sie wachsen im Winter an den blattlosen Zweigen.

Laburnum wird wegen den hängenden goldgelben Blütentrauben auch Goldregen genannt. Eine Traube kann bis zu 20 Zentimeter lang werden und aus über 40 Einzelblüten bestehen. Die Pflanze ist kein klassischer Kletterer und wird nur knapp zwei Meter hoch. Doch Goldregen blüht von April bis Juni sehr prachtvoll und üppig, die Trauben vermitteln einen »hängenden« Eindruck. Der Strauch hat nur bescheidene Ansprüche an den Standort. Teile der Pflanze sind allerdings giftig. Sie können Kopfschmerzen, Schweißausbrüche und Schwindel auslösen.

Lonicera wird auch Geißblatt oder Heckenkirsche genannt. Es gibt über 200 Arten, die sich noch einmal in Sträucher und Lianen unterteilen. Das Gartengeißblatt (*Lonicera caprifolium*) gehört zu den Lianen. Geißblattarten sind wegen ihrer Blüten und des intensiven Duftes bei Gärtnern beliebt. Die Sorten, die es im Gartenfachhandel zu kaufen gibt, blühen weiß, cremefarben, aber auch orange bis blutrot. Manche Blüten duften nur nachts, andere auch am Tag. Einige Arten blühen von Juni bis in den Oktober.

Parthenocissus quinquefolia ist der botanische Name für Wilder Wein, der auch als Zaun- oder Jungfernrebe bezeichnet wird. Er eignet sich perfekt zur Begrünung von Mauern, Spalieren und Klettergerüsten, denn mit ihren Haftwurzeln findet die Pflanze überall Halt. Die gefingerten Blätter sind bis zu 15 Zentimeter lang. Sie verfärben sich im Herbst dramatisch bis ins Purpurrot. Die grünlichen Blüten sind dagegen unscheinbar. Die Lebenserwartung des Kletterers ist mit bis zu 50 Jahren außergewöhnlich hoch. Bei der Begrünung von Fassaden ist Vorsicht geboten: Wilder Wein kann erheblichen Schaden anrichten. Zumindest sind die saugnapfähnlichen Haltescheibchen der Haltewurzeln nur mechanisch oder nicht mehr von der Wand zu entfernen. Ich musste zu Beginn meiner »Gärtnerkarriere« sogar ein paar Quadratmeter Putz am Haus erneuern lassen.

Passiflora ist die äußerst beliebte Passionsblume. Sie hat als Kletterpflanze Karriere gemacht, die mehrere Meter in die Höhe wächst. Es gibt über 500 Arten. Die wunderschönen Blüten haben einen Durchmesser von bis zu 30 Zentimetern. Es gibt sie in nahezu allen Farben. Passionsblumen vertragen die volle Sonne, brauchen viel Licht und viel Wasser, aber Staunässe ist unbedingt zu vermeiden. Maracujas sind die essbaren Früchte einer bestimmten Passionsblumenart.

Periploca graeca wird als Orientalische Baumschlinge bezeichnet und ist ein schnell wachsender Schlinger. Die eiförmigen Blätter sind etwa zwölf Zentimeter lang und dunkelgrün glänzend. Sie fallen im Herbst ab, ohne sich zu verfärben. Die kleinen gelblich grünen Blüten, die innen ins Bräunliche übergehen, sind eher unscheinbar. Sie blühen im Juli/August. Die Baumschlinge braucht warme Standorte. Sie wird bis zu 15 Meter hoch.

Polygonum baldschuanicum ist der botanische Name für Schlingknöterich. Er kann bis zu zehn Meter hochwachsen und ist mit Vorsicht zu pflanzen: Schlingknöterich kann erhebliche Schäden anrichten und sogar Dächer abdecken. Die Kletterpflanze ist genügsam, aber sie braucht viel Wasser. Allerdings immer erst dann, wenn der Boden ausgetrocknet ist. Die hellgrünen Blätter sind herzförmig, im Spätsommer wachsen Blütenrispen mit winzigen weißen Blüten. Für Pergolen aus Metall oder Holz, die schnell und dicht zuwachsen sollen, bestens geeignet.

Thunbergia alata ist die Schwarzäugige Susanne, eine Kletterpflanze mit vielen Blüten, die einen purpurfarbenen Schlund und eine goldgelbe Krone haben. Die langstieligen Blüten blühen von Mai bis Oktober. Die Pflanze mit den herzförmigen Blättern wird bis zu 120 Zentimeter hoch und bevorzugt sonnige Standorte. Sie muss immer ausreichend gewässert werden, verträgt aber keine Staunässe und ist einjährig.

Vitis vinifera ist der botanische Name für unsere Weinrebe. Sie kann bis zu 20 Meter hoch werden, hat einen dicken Wurzelstock und einen holzigen Stamm. Die Blätter sind je nach Sorte herzförmig, am Stiel eng zusammenstehend, drei- bis fünflappig und am Außenrand gezähnt. Die Weinrebe blüht zumeist Ende Mai bis August in dichten Rispen und braucht sonnige Standorte. An Hauswänden bevorzugen sie die Südseite. Eine Rankhilfe ist erforderlich.

Kletterer, Klimmer, Schlinger und andere Rankpflanzen – ein Überblick

Warum sollte man nicht den Garten an der Hauswand oder an der Gerätehütte vertikal nach oben fortsetzen? Neben Weinreben lassen sich auch Birnen oder Äpfel als Spalierobst ziehen. Gerade in kleinen Gärten kann einerseits Obst geerntet werden und andererseits den ganzen Sommer über die Fassade begrünt sein. Dies schützt die Hauswand vor allzu großer Hitze und Schlagregen. Dann gibt es noch eine ganze Reihe anderer Kletterpflanzen. Während Wilder Wein und Efeu von selbst an den Wänden hochklettern und keine Rankhilfe benötigen, sind solche für Pfeifenwinde, Hopfen, Kletterhortensie, Blauregen und Kletterrosen erforderlich. Die folgende Tabelle gibt einen Überblick über die wichtigsten ausdauernden und einjährigen Arten. Doch Vorsicht vor Efeu und Wildem Wein. Beide bilden in den Garten hinein Ausläufer und kolonisieren sich so selbst fort. Diese Pflanzen im Zaum zu halten, kann zu einer Daueraufgabe werden. Noch eines kommt hinzu: Efeu ist relativ säuretolerant. Durch den sauren Regen, der in den vergangenen Jahren auf unsere Böden herabprasselte, ist Efeu heute an vielen Standorten mehrwüchsiger als früher. So blüht Efeu heute schon nach wenigen Jahren, während er dies noch vor 40, 50 Jahren erst nach etwa rund 30 Jahren tat. Bei allen Kletterpflanzen und insbesondere den Zierpflanzen wie den Kletterrosen gilt, dass möglichst keine gefüllten Sorten gepflanzt werden sollten. Solche machen den Garten zwar schön bunt, aber Insekten finden daran weder Nektar noch Pollen.

Ausdauernde Arten

Art	Kletter-weise	Höhe	Standort/ Besonderheiten	Blütezeit/ Blütenfarbe
Blauregen	Schling-pflanze	6–10 m	sonnige, geschützte Lagen immer gut wässern	April–Mai blau · Trauben
Efeu	Kletter-pflanze	20 m	schattig/halbschattig immergrün	September grünlich
Geißblatt	Schling-pflanze	3–6 m	halbschattig	Mai–September gelb, rot · röhrenförmig
Hopfen	Schling-pflanze	5 m	halbschattig/sonnig	Juli grünlich
Kletterhortensie	Kletter-pflanze	6–8 m	halbschattig, muss angebunden werden	Juni–Juli grünlich · Doldenrispe
Kletterrose	Spreiz-klimmer	2–5 m	sonnig	Juni–Oktober verschieden
Knöterich	Schling-pflanze	8–10 m	halbschattig/sonnig	zw. Juli u. Oktober weiß · Rispen
Pfeifenwinde	Schling-pflanze	5–10 m	vollschattig/schattig große Blätter, wächst dicht	Juni · gelb-braun pfeifenartig
Waldrebe	Rank-pflanze	3–8 m	halbschattig/sonnig, viele Blütenvarianten	zw. Mai und Oktober verschieden glockenförmig
Wilder Wein	Rank-pflanze	8–12 m	sonnig/halbschattig	Juli grünlich
Wilder Wein	Kletter-pflanze	10–15 m	sonnig/halbschattig	Juli grünlich
Winterjasmin	Spreiz-klimmer	2–3 m	sonnig Frühblüher	Dezember–Februar gelb

Einjährige Arten

Art	Kletter-weise	Höhe	Standort/ Besonderheiten	Blütezeit/ Blütenfarbe
Duftwicke	Ranker	1–2 m	warm, windgeschützt, absonnig	Juni–September verschiedene Blütenfarben
Feuerbohne	Schlinger	2–4 m	warm, sonnig	Juli–September rötlich
Glockenrebe	Ranker	2–4 m	warm, sonnig	Oktober–Dezember weiß, violett · glockig
Kapuzinerkresse	Ranker	2 m	warm, sonnig	Juni–Oktober · gelblich, rot auf kletternde Sorten achten
Prunkwinde	Schlinger	3–5 m	warm, geschützt	Juli–September weiß-rot · stark wüchsig
Schwarzäugige Susanne	Schlinger	1–2 m	warm, windgeschützt	Juli–September gelblich · trichterförmige Blüte, verträgt keine Zugluft
Zierkürbis	Ranker	6 m	warm, sonnig	Juli–September viele Formen und Farben

ALTBEWÄHRTE PFLANZEN DES BAUERNGARTENS

Es ist gar nicht schwer mit alten, bewährten Pflanzen der Bauerngärten blumenbunte Farbe fast das ganze Frühjahr und den gesamten Sommer und Herbst über in den Garten zu zaubern. Naturerlebnisse und Lebensraum vieler Tiere inklusive.

Art	Belichtung	Bodenverhältnisse
Akelei – *Aquilegia vulgaris*	☼ / ●	■
Aurikel – *Primula auricula*	☼	≡
Blaukissen – *Aubrietia spec. (Hybriden)*	☼	≡
Brennende Liebe – *Lychnis chalcedonica*	☼	
Christrose – *Helleborus niger*	●	■
Eibisch – *Althaea officinalis*	☼	■
Eisenhut – *Aconitum napellus*	☼ / ●	■
Fetthenne – *Sedum spectabile*	☼	≡
Herbstaster – *Aster novi belgii*	☼	■
Immergrün – *Vinca minor*	☼ / ●	
Indianernessel – *Monarda didyma*	☼	≡, ■
Kugeldistel – *Echinops vitro*	☼	≡
Lavendel – *Lavandula angustifolia*	☼	≡
Mohn – *Papaver orientale*	☼	≡
Pfingstrose – *Paeonia officinalis*	☼	■
Phlox – *Phlox paniculata*	☼	≡, ■
Rittersporn – *Delphinium elatum*	☼	
Schwertlilie – *Iris germanica*	☼	≡, ■
Sonnenbraut – *Helenium autumnale*	☼	≡, ■
Sonnenhut – *Rudbeckia speciosa*	☼	≡, ■
Steinbrech – *Saxifraga umbrosa*	☼ / ●	
Taglilie – *Hemerocallis vulva*	☼	■
Tränendes Herz – *Dicentra spectabilis*	☼ / ●	■
Wohlriechendes Veilchen – *Viola odorata*	☼	

Belichtung ☼ = sonnig, ● = schattig

Bodenverhältnisse ≡ = leicht und trocken, ■ = schwer und frisch

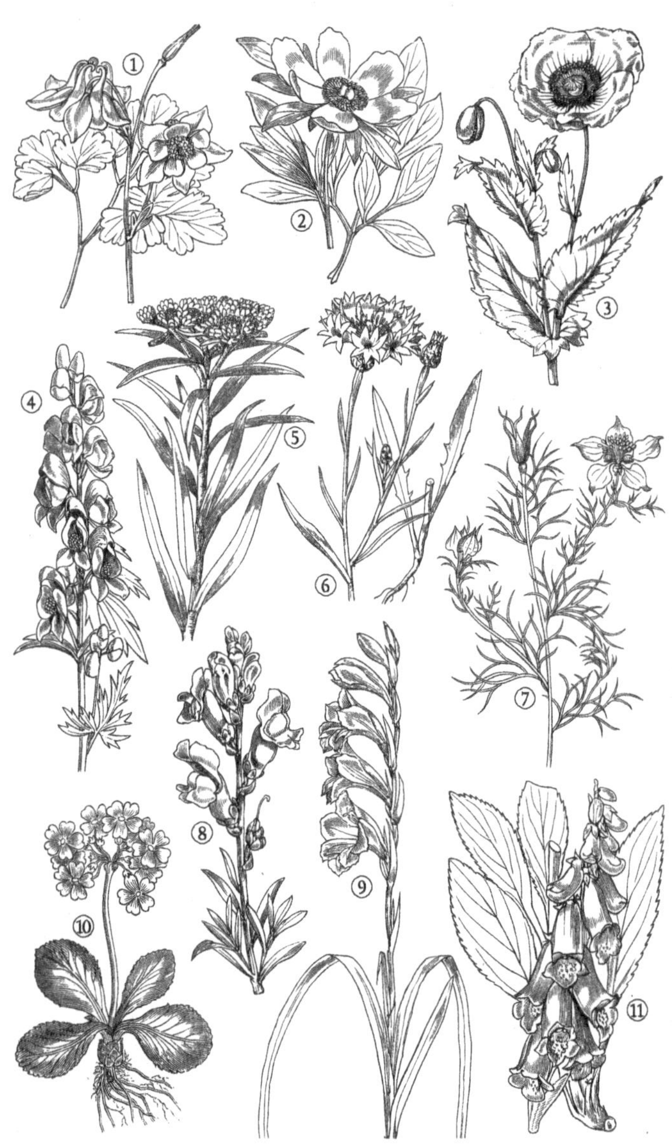

Alte Bauerngartenpflanzen: ① Akelei ② Pfingstrose ③ Mohn ④ Eisenhut ⑤ Strohblume ⑥ Kornblume ⑦ Schwarzkümmel ⑧ Löwenmäulchen ⑨ Gladiole ⑩ Aurikel ⑪ Fingerhut

Kräutersalat mit krossem Speck und Croûtons

Zutaten (für 4 Personen)

- *eine Handvoll junge Löwenzahnblätter*
- *eine Handvoll vom Scharbockskraut*
- *eine Handvoll Blätter von jungem zartem Spitzwegerich*
- *ca. eine Handvoll Ackersalat/Feldsalat*
- *250 g in Würfel geschnittenes Brot*
- *ca. 50–70 g nicht allzu fetten Schinken (Schinkenspeck)*
- *1 kleine Zwiebel*
- *Balsamico-Essig*
- *2–3 El Olivenöl extra vergine*
- *1 kleines Sträußchen Schlüsselblumen oder auch Gänseblümchen*
- *Salz, Pfeffer*

Und so wird's gemacht:

Die geputzten Kräuter in Salzwasser waschen. Das Salz nimmt den bitteren Geschmack. Die Blätter abtropfen lassen und gegebenenfalls mit Küchenpapier abtupfen. Auf Tellern anrichten. Die in Würfel geschnittene Zwiebel mit dem Olivenöl anschwitzen, den zu Streifen geschnittenen Rauchschinken (z.B. Schwarzwälder Schinkenspeck oder Westfälischer Schinken) mit dem zu Würfeln geschnittenen Brot anbraten, bis aus den Brotwürfeln Croûtons geworden sind. Dann auf den Salat geben und mit einer Marinade (je nach Belieben) aus Olivenöl, Balsamico-Essig, Pfeffer und Salz überträufeln. Eventuell noch mit den gelben Blüten des Scharbockskrauts dekorieren.

Je nach dem, welche Vorfrühlingskräuter man in seinem Garten hat, kann natürlich auch Brunnenkresse oder Ähnliches verwendet werden. Natürlich lassen sich auch die einen oder anderen Kräuter durch Zukauf im Fachhandel ergänzen.

April

Wie viel Grüntöne die Natur doch hervorbringen kann! Und wie viele herrliche Gerüche! Es scheint, dass vor allem am Vormittag der Bärlauch jetzt besonders intensiv riecht. Ein herrliches Bärlauch-Pesto zu Spaghetti oder anderen Nudeln bringt jetzt Natur und Kultur zusammen. Fast jeden Tag sind andere Vogelstimmen zu hören. Der Zilpzalp macht sich wieder bemerkbar und auch Girlitz, Haus- und Gartenrotschwanz sowie die Mönchsgrasmücke und andere Arten sind aus ihren südeuropäischen und afrikanischen Winterquartieren zurückgekommen. Kurz nachdem an den Feldhecken und Waldrändern die Schlehen blühen, verwandeln Millionen von Blüten auch die Zwetschgen- und Pflaumenbäume zu gigantischen Blumengebinden. Fast gleichzeitig zeigen sich Wildkirschen und ihre gezüchteten Verwandten in weißem Kleid. Ebenso blühen jetzt die Mirabellenbäume und gleich darauf die Birnbäume, dann folgen die verschiedenen Apfelsorten.

DIE BLUME DES MONATS: DUFTENDE HÜLSENFRÜCHTE, DIE KLETTERN

Wicken (*Vicia*) gehören zur Familie der Hülsenfrüchtler, was meine Frau amüsiert. Sie liebt Wicken. »Weil sich diese Pflanzen ein bisschen Wildheit bewahrt haben«, sagt sie. Mit ihren Ranken klettern sie ungehemmt in die Höhe, manchmal indem sie sich gnadenlos um andere Pflanzen wickeln. Die Blätter sind paarig gefiedert, die Blüten wirken mit ihren ungleichen Kelchblättern ein wenig verwachsen. Es gibt eine ganze Reihe von Arten. Aber die »Duft-Wicke« gehört nicht zur Familie der Vicia – obwohl sie so heißt und sich als Gartenpflanze großer Beliebtheit erfreut. »Sie zählt wiederum zu den Platterbsen«, sagt meine Frau und lacht. »Aber sie riecht nicht nach Küche, sondern duftet herrlich nach Gartenparfüm.«

KRÄUTER ALS HELFER IM GARTEN

Auch unter Pflanzen gibt es Freund und Feind. Wenn der Gärtner vorher weiß, dass zwischen bestimmten Pflänzchen Animositäten herrschen, ist es klug, sie nicht zu nahe zusammenzusetzen. Es herrscht zum Beispiel große gegenseitige Abneigung zwischen Tomaten und Fenchel. Auch Buschbohnen und Zwiebeln mögen sich nicht leiden. Sie hindern sich gegenseitig im Wachstum. Das muss man wissen! Man lädt ja auch keine Freunde ein, die sich gegenseitig nicht ausstehen können. Macht man es trotzdem, verdirbt es unter Umständen die ganze Party. Und der Gastgeber hat den Stress.

Doch es gibt auch Pflanzen, die sich mögen. Sie wachsen gern zusammen, fördern sich gegenseitig und halten einander sogar Schädlinge vom »Leib«. So manche Kombination mag seltsam anmuten. Dass Bohnenkraut den Ertrag von Bohnen steigert und gleichzeitig gegen Läuse wirkt, mag man ja noch nachvollziehen. Doch dass Erdbeeren die Nähe von Knoblauch schätzen, klingt schon ein wenig absurd. Wer hätte das gedacht? Aber die sensiblen Früchtchen werden von den kleinen Stinkern vor Schädlingen geschützt. Und wer Schnittlauch zwischen seine Rosen pflanzt, hat weniger Ärger mit Mehltaupilzen. Das grüne Küchengewürz schützt die Blume der Liebe vor dem Befall. Lavendel hält hingegen Blattläuse von Rosen fern. Noch sind die Zusammenhänge wissenschaftlich nicht eindeutig erklärt. Vonseiten der Schädlinge hat es sicher viel mit Abneigung und mit »Nicht-riechen-Können« zu tun. Vielleicht machen Würmer, Schnecken & Co. sich vom Acker, weil sie mit ätherischen Ölen so ihre Schwierigkeiten haben? Wer kennt die »Nasen« der Schädlinge schon so genau? Fest steht, dass Echte Kamille Zwiebeln und Möhren vor Wurmbefall schützt, Dill und Sellerie im Kohlbeet gegen den Kohlweißling wirken und Ackersenf im Gemüsebeet gegen Schnecken hilft. Ist das nicht wunderbar? Kräuter helfen nicht nur den Menschen, sondern auch den Pflanzen. Man muss nur wissen, wer zu wem passt, und schon kann man Krankheiten und Schädlingen vorbeugen und sogar seinen Ertrag steigern. Majoran fördert übrigens das Wachstum von Möhren und Dill die Keimung bei Gurken.

MISCHKULTUREN

Vorbeugung hilft Pflanzen gegen Schädlinge und schützt sie vor Krankheiten. Dazu gehören unter anderem folgende Maßnahmen:

- Nur solche Pflanzenarten und Sorten auswählen, die zum Standort im Hinblick auf Boden, Klima etc. passen.
- Sorten wählen, die gegen bestimmte Krankheiten weniger anfällig sind.
- Auf gesundes Saat- und Pflanzgut achten.
- Pflanzen in Mischkulturen setzen und dabei beachten, welche Pflanzen sich gegenseitig fördern. So können auch Schaderreger ferngehalten werden (siehe Seite 80).
- Auf günstige Zeitpunkte für Pflanzung und Aussaat achten. Dazu ein Beispiel: Die Kohlfliege legt ihre Eier Ende April bis Mitte Mai am Wurzelhals junger Pflanzen ab. Deshalb sollten Rettiche schon vorher erntereif sein und Kohlpflanzen erst nach dieser Periode gesetzt werden. Und frühe Karottensorten, die schon Mitte Juni geerntet werden können, werden von der Möhrenfliege weitgehend verschont.
- Auf Fruchtwechsel achten. Artverwandte Pflanzen wie etwa Tomaten und Kartoffeln (beides sind Nachtschattengewächse) oder verschiedene Kohlarten sollten nicht unmittelbar aufeinanderfolgen.
- Ausreichend Pflanzabstände einhalten, um im Pflanzenbestand die Luftfeuchtigkeit nicht unnötig zu erhöhen. Dies verstärkt unter Umständen den Befall mit Pilzkrankheiten.
- Keine einseitige Düngung vornehmen (z.B. mit Stickstoff), sondern die Düngung an den natürlichen Erfor-

dernissen ausrichten. Grundlage sollten entsprechende Bodenuntersuchungen sein. Biologisch wirtschaften und mit Kompost düngen.

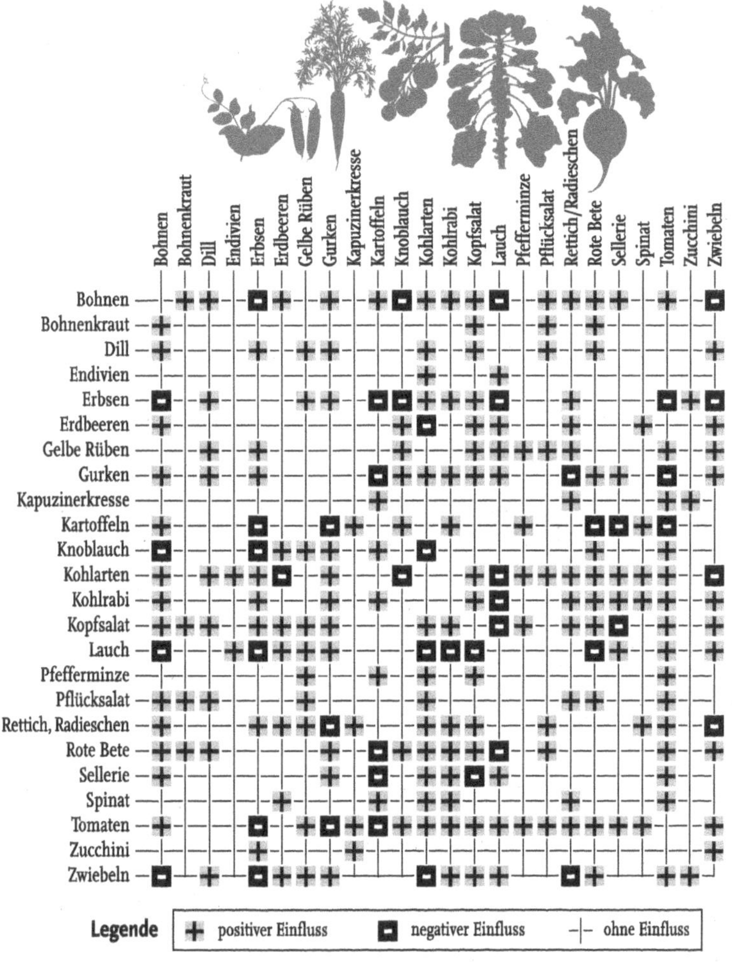

	Bohnen	Bohnenkraut	Dill	Endivien	Erbsen	Erdbeeren	Gelbe Rüben	Gurken	Kapuzinerkresse	Kartoffeln	Knoblauch	Kohlarten	Kohlrabi	Kopfsalat	Lauch	Pfefferminze	Pflücksalat	Rettich/Radieschen	Rote Bete	Sellerie	Spinat	Tomaten	Zucchini	Zwiebeln
Bohnen		+	+		–	+		+		+	–	+	+	+	–		+	+	+	+		+		–
Bohnenkraut	+													+			+		+					
Dill	+				+		+	+				+		+			+		+					+
Endivien												+			+									
Erbsen	–		+				+	+		–	–	+	+	+	–			+				–	+	–
Erdbeeren	+										+	–		+	+			+			+			+
Gelbe Rüben			+		+						+			+	+	+	+	+				+		+
Gurken	+		+		+					–	+	+	+	+	+			–	+	+		–		+
Kapuzinerkresse										+								+				+	+	
Kartoffeln	+				–			–	+		+		+			+			–	–	+	–		
Knoblauch	–				–	+	+	+		+		–							+			+		
Kohlarten	+		+	+	+	–		+			–			+	–	+	+	+	+	+	+	+		–
Kohlrabi	+				+			+		+				+	–			+	+	+	+	+		+
Kopfsalat	+	+	+		+	+	+	+				+	+		–	+		+	+	–		+		+
Lauch	–			+	–	+	+	+				–	–	–					–	+		+		+
Pfefferminze							+			+		+		+								+		
Pflücksalat	+	+	+				+					+						+	+			+		
Rettich, Radieschen	+				+	+	+	–	+			+	+	+			+				+	+		–
Rote Bete	+	+	+					+		–	+	+	+	+	–		+					+		+
Sellerie	+							+		–		+	+	–	+							+		
Spinat						+				+		+	+					+				+		
Tomaten	+				–		+	–	+	–	+	+	+	+	+	+	+	+	+	+	+			+
Zucchini					+				+															+
Zwiebeln	–		+		–	+	+	+				–	+	+	+			–	+			+	+	

Legende + positiver Einfluss – negativer Einfluss (leer) ohne Einfluss

Ein Weg zum Erfolg des Biogartens sind Mischkulturen.
Die Grafik gibt einen Überblick, was zusammenpasst und was vermieden werden sollte.

VIEL HILFT NICHT VIEL – WER DÜNGT MUSS DOSIEREN

Von wegen »viel hilft viel«: Beim Düngen kommt es auf die richtige Dosis an. Heute sind viele Böden sogar überdüngt. Denn durch Industrie- und Autoabgase sowie die intensive Landwirtschaft gelangen ohnehin schon viel zu viele (klimaschädliche) Stickoxide in die Atmosphäre. Und so kommt viel mehr Stickstoff in die Böden, als oft gebraucht wird. Wir überdüngen unsere Landschaft! Das schadet nicht nur den Pflanzen, sondern vor allem der Umwelt und dem Grundwasser ganz erheblich. Alles, was die Pflanzen nicht verbrauchen, landet in der Umwelt. Ein Zuviel an Dünger ist für Pflanzen mindestens genauso schädlich wie zu wenig Nährstoffe. Außerdem schmeckt man die Überdüngung. Möhren etwa werden durch ein Zuviel an Phosphor bitter.

Warum brauchen Pflanzen überhaupt Dünger? Fehlt es an Stickstoff (N), Phosphor (P) und Kalium (K) im Boden, »hungern« die Pflanzen. Gibt es diese Nährstoffe nicht in ausreichender Menge, können Pflanzen nicht richtig wachsen. Sehr vereinfacht gesagt, ist Stickstoff für die Blätter und Phosphor für die Blüten zuständig. Auch Magnesium, Schwefel und Calcium werden neben vielen anderen Spurenelementen von den Pflanzen benötigt. Fehlen bestimmte Nährstoffe, werden Pflanzen krank. So führt der Mangel an Bor bei Rüben zu Trockenfäule, Molybdänmangel bei Blumenkohl zu den sogenannten Klemmherzen. Natürlich brauchen Pflanzen nicht nur Energie aus dem Boden, sondern auch Licht und Luft. Kohlendioxid (CO_2) und Sauerstoff (O_2) sind genauso wichtig. Ohne Kohlendioxid wäre ein Leben auf der Erde schon gar nicht möglich. Doch zu viel davon verursacht den Treibhauseffekt und damit die Klimaerwärmung.

Grob unterscheidet man zwischen synthetisch, also künstlich hergestellten »Kunstdüngern« und organischem Dünger wie Kompost, Mist, Gülle und Jauche, aber auch tierische Produkte wie Fisch- und Blutmehl, Hornspäne und Harnstoff zählen dazu. Kunstdünger sind anorganisch und haben in einem Biogarten nichts verloren. Man nennt sie auch Mineraldünger, denn sie bestehen meist aus Salzen (z.B. Kalisalz) und werden in Bergwerken abgebaut. Mineralische Phosphatdünger werden in der Landwirtschaft eingesetzt und bringen enorme Probleme mit sich. Es kommt leicht zur Anreicherung im Boden, im Grundwasser und sogar in den Lebensmitteln. Stickstoffdünger sind meist aus Kaliumnitrat, Ammoniak, Ammoniumnitrat und -sulfat sowie Salpetersäure. Es gibt sie in Pulverform oder als Granulat zu kaufen.

DER BODEN UNTER DEN FÜSSEN

Bevor man an die Düngung denkt, muss man seinen Gartenboden näher kennenlernen. Denn Boden ist nicht gleich Boden. Experten unterscheiden Gartenböden nicht nur nach dem pH-Wert und ihrem Gehalt an Nährstoffen wie Stickstoff, Phosphor, Kalzium und Magnesium sowie Eisen, Zink, Kupfer, Bor und so weiter, sondern auch nach den physikalischen Eigenschaften. Es gibt »schwere« Böden mit einem hohen Anteil an Ton und Lehm und »leichte« Böden mit hohem Sandanteil. Die »schweren« halten das Wasser, sind deshalb oft nass, klebrig und erwärmen sich nur langsam. Die »leichten« sind schnell trocken, denn das Wasser fließt über die groben Sandporen schneller ab. Sie sind locker und im Gegensatz zu schweren Böden wesentlich leichter zu bearbeiten. Mittlere Böden sind die idealen Gartenböden.

Wenn Sie nicht wissen, auf welchem Boden Sie stehen und gärtnern, nehmen Sie ihn doch erst einmal in die Hand: Schwere Böden glänzen. Sie fühlen sich glatt und geschmeidig an, sind gut formbar und machen die Hände richtig schmutzig. Leichte Böden hingegen fühlen sich rau an, man kann sie kaum formen, dafür bleiben die Hände sauberer. Dann gibt es noch mittlere Böden. Das sind zum Beispiel Lößböden. Sie bestehen bis zu 25 Prozent aus Ton und zu über 70 Prozent aus Schluff (was sich wie ein Rechtschreibfehler liest, ist feiner als Sand, aber kein Ton).

Schwere Böden sammeln das Wasser, und Staunässe schadet den Wurzeln. Vor allem Knollen- und Wurzelpflanzen bekommen Probleme. Man kann diese schweren Böden »erleichtern«, indem man Sand einarbeitet. Leichte Böden hingegen lassen sich mit Tonmineralien verbessern. Sie werden zeitig im Frühjahr leicht in die Oberfläche des Bodens eingearbeitet.

Es ist nie verkehrt, eine Bodenanalyse zu machen. Der pH-Wert ist dabei zum Beispiel ein wichtiges Kriterium. Er ist von Boden zu Boden unterschiedlich: Leichte Böden liegen bei pH 5,5, mittlere etwa bei pH 6 und schwere bei pH 7. Der Phosphorsäure- und Kalianteil sowie der Stickstoffgehalt werden bei der Probeentnahme ebenfalls ermittelt. Die richtige Jahreszeit für eine Bodenprobe ist der Spätherbst. Natürlich darf jetzt nicht gedüngt werden, und das Wetter sollte trocken sein. Man entnimmt am besten in Spatentiefe an zehn verschiedenen Stellen im Garten Erde, mischt sie in einem Behälter gut durcheinander und füllt etwa 500 g in einen sauberen Plastikbeutel, um sie an das Labor zu verschicken. Im Fachhandel gibt es auch Testsets für Bodenanalysen, die man selbst durchführen kann.

GRÜN HILFT GRÜN

Schon mal mit Grünpflanzen den Boden gedüngt? Ich finde es wunderschön, wenn der Dünger »blüht«. Wir reden von Buschbohnen, die durchaus attraktive Blüten haben. Auch Lupine und Steinklee sind recht hübsch anzuschauen. Nach der Ernte müssen die Pflanzen kurz welken, dann werden sie leicht in den Boden eingearbeitet (nicht tiefer als zehn Zentimeter eingraben). Die sogenannte Gründüngung verhindert die Erosion des Bodens und verbessert seine Struktur, hält »Unkräuter« in Schach und ist obendrein günstig. Hülsenfrüchtler wie Ackerbohnen, Erbsen und Lupinen (auch Leguminosen genannt) reichern den Boden mit Stickstoff an. Dies erreichen Sie mit Hilfe von Knöllchenwurzeln und daran lebenden Bakterien. »Außerdem sehen die Düngerpflänzchen gut aus«, sagt meine Frau immer. Am sympathischsten ist ihr der »Bienenfreund« (*Phacelia tanacetifolia*). Wie der Name schon sagt, ist diese Gründüngerpflanze wie Steinklee, Borretsch und Winterraps ein besonders geeigneter Weideplatz für Bienen. Der Bienenfreund wächst rasch und unterdrückt dabei unerwünschte (Un-)Kräuter oder Gras. Lupinen und Perserklee sind, wie alle Leguminosen, Stickstoffsammler, Ölrettich gilt als Nitratfänger und Wurmbekämpfer und Ringelblumen (keine Leguminosen) machen die Erde schön krümelig. Andere Grünpflanzen wie die Kresse bilden leicht Humus, vergraulen Schädlinge wie die Kohlfliege (Steinklee) oder die Rübennematode (Gelbsenf).

Frühlingsnacht

Übern Garten durch die Lüfte
Hört ich Wandervögel ziehn,
Das bedeutet Frühlingsdüfte,
Unten fängts schon an zu blühn.

Jauchzen möcht ich, möchte weinen,
Ist mirs doch, als könnts nicht sein!
Alte Wunder wieder scheinen
Mit dem Mondesglanz herein.

Und der Mond, die Sterne sagens,
Und in Träumen rauschts der Hain,
Und die Nachtigallen schlagens:
Sie ist Deine, sie ist dein!

Joseph Freiherr von Eichendorff (1788–1857)

Auf diese Wildpflanzen stehen Schmetterlinge und andere Insekten. Sie sollten im Naturgarten einen Platz haben: ① Wiesensalbei ② Tüpfel-Johanniskraut ③ Schafgarbe ④ Natternkopf ⑤ Wiesenschaumkraut ⑥ Odermenning ⑦ Wilde Möhre ⑧ Kleiner Wiesenknopf ⑨ Hornklee ⑩ Hufeisenklee

»Schmetterlingspflanzen« und ihre Begleiter aus dem Reich der Falter (Auswahl)

Brennnessel Admiral, Tagpfauenauge, Kleiner Fuchs, Landkärtchen, Goldeulenarten und viele andere Arten

Löwenzahn Großer Bär, Weißfleckwidderich

Distel Distelfalter

Salweide Großer Schillerfalter, Trauermantel, Großer Fuchs, Schwarzes Ordensband, Rotes Ordensband

Espe (Zitterpappel) Großer Eisvogel

Weißdorn Baumweißling (Schwarzdorn), Kupferglucke (Schlehe), Gelbes Ordensband, Kleines Nachtpfauenauge, Aurorafalter (Wiesenschaumkraut), Wegerichbär (Wegerich), Spanische Fahne, Kaisermantel (Veilchen), Großer Scheckenfalter (Flockenblume), Resedafalter (Reseda), Zitronenfalter (Kreuzdorn und Faulbaum), Apollofalter (Weiße Fetthenne)

GOURMETKÜCHE AUS DER GARTENHECKE

Seit der Jahrtausendwende hat eine Wildpflanze erstaunliche Küchenkarriere gemacht. Nachdem Spitzenköche schon seit längerem ihre Feinschmeckergäste z.B. mit »Bärlauch-Schaumsüppchen« verwöhnten und auch weniger betuchte Menschen Bärlauch entdeckten – oder vielleicht auch wiederentdeckten –, gibt es im Frühjahr viele Produkte, in denen Bärlauch verarbeitet wird. Ob Bärlauchbrot, Bärlauchnudeln, Risotto mit Bärlauch oder Bärlauchkäse: Das würzige Kraut ist aus der Frühjahrsküche nicht mehr wegzudenken, auch wenn es nicht immer sinnvoll ist, allem und jedem Bärlauch unterzumischen. Lange bevor Bärlauch zur Mode wurde, habe ich das Zwiebelgewächs in meinem Garten angesiedelt. Es gibt für mich im April nichts Köstlicheres als ein frisches Bauernbrot mit Butter, geschnittenem Bärlauch und etwas Fleur de Sel. Vor vielen Jahren habe ich im April aus einem feuchten Wald, den ich als Bärlauchstandort kannte, einige Pflanzen geholt und im eher schattigen Bereich meiner frei wachsenden Gartenhecke – also dort, wo es das Jahr über ebenfalls immer etwas feucht ist – gepflanzt. Das Würzkraut hat sich bestens vermehrt, und so können wir jetzt alljährlich im eigenen Garten Bärlauch pflücken gehen. Dann strömt an warmen Frühlingstagen der unverkennbare, knoblauchartige Zwiebelduft des Bärlauchs aus der Hecke.

Die Pflanze treibt zwei bis drei glänzende, lanzenförmige Blätter aus einer mehrteiligen Zwiebel. Bärlauch gedeiht in freier Natur an schattigen bis halbschattigen Stellen, deren Boden locker und feucht ist. Das saftige Grün der Blätter bedeckt dann fast völlig den Waldboden. Erst bei genauerem Hinsehen erblickt man auch die Gelbe Anemone, das Scharbockskraut, den Hohlen Lerchensporn oder den Aronstab, die ebenfalls als Frühblüher zu fast gleicher Zeit erscheinen. So rasch wie der Bärlauch aufgetaucht ist, so plötzlich verschwindet er bei zunehmender Erwärmung wieder. Die vergilbenden, absterbenden Blätter verströmen jedoch noch einige Zeit ihren unverwechselbaren Duft. Bevor sich das lichte Laubdach der Bäume schließt, muss der Bärlauch in seiner Knolle während der kurzen Blütezeit Nährstoffe gesammelt haben. Mit ihnen meistert das Zwiebelgewächs den frühen Start im nächsten Frühjahr. Die Pflanze hat auch ihre Verbreitung auf trickreiche Weise gelöst. Die Samen haften in feuchtem Lehm und werden so an den Füßen großer

Tiere oder am Schuhwerk der Wanderer weitergetragen und verbreitet. Das Hochwasser der Auwälder kann die Samen ebenfalls transportieren. Weil der Lauch so viel dem Zufall überlässt, macht die Pflanze einiges durch die Massenproduktion der Samen wieder wett. Ein Quadratmeter Waldboden mit Bärlauchpflanzen kann 9000 Samen aufweisen. Nicht zuletzt verbreitet sich diese Art durch Nebenzwiebeln. Auf diese Weise kann ein großes weißes Blütenmeer im Frühjahr bei günstigen Bedingungen auch im eigenen Garten entstehen.

Schon mal Bärlauch-Pesto probiert?

Bärlauch-Pesto

Zutaten (für 4 Personen)

- *etwa 100 g Bärlauch*
- *300 g Olivenöl*
- *50 g Pinienkerne*
- *50 g Knoblauch*
- *100 g Parmesan*
- *sowie Salz und Pfeffer*

Den Bärlauch sauber waschen, dann nach und nach im Mixer mit Olivenöl, den Pinienkernen, dem Knoblauch und dem Parmesan fein pürieren. Unter Umständen das restliche Öl später zugeben. Auch das Salz und der Pfeffer werden schon vor dem Mixen hinzugefügt. Doch Achtung! Da Parmesan schon sehr viel Salz enthält, sollte hier vorsichtig vorgegangen werden. Gegebenenfalls nach Fertigstellung des Pestos mit Salz und Pfeffer nachwürzen. Das Ganze eignet sich bestens zu Tagliatelle oder Spaghetti. Besonders schmeckt das Ganze, wenn zu der Pasta, die mit dem Pesto vermischt wird, fein geschnittene, in Öl eingelegte getrocknete Tomaten beigegeben werden. Dies sieht auch zusammen mit ein paar frischen Bärlauchblättern gut aus. In Form des Bärlauch-Pestos – welches sich bestens einfrieren lässt – kann der herrliche Bärlauchfrühlingsduft über die Sommermonate und den Herbst bis in den Winter hinein bewahrt werden.

DAS BIOGARTENREZEPT DES MONATS APRIL

Maultaschen

Die Maultasche ist für mich das beste Fastfood, das man sich denken kann. Man kann sie einfach so in die Hand nehmen und hat im Grunde genommen ein Pastagericht, welches Fleisch und vegetarische Zutaten in Bestform vereint. Dann sind Maultaschen bestens geeignet als Suppeneinlage oder geschmälzt mit angerösteten Zwiebeln und Kartoffelsalat. So wie Ostern Sinnbild für den Neubeginn des Lebens und die Erneuerung der Natur ist, ist auch die Maultasche ein richtiges Frühlingsgericht. Denn sie enthält – wenn man die Pflanzen im Garten hat – das erste Frühjahrsgrün in Form von Frühlingszwiebeln, Schnittlauch und in Weinbaugebieten vielleicht den Weinberglauch. Es gibt wohl so viele Rezepte, um Maultaschen zuzubereiten, wie es Menschen gibt, welche Maultaschen kochen. Hier das Rezept meiner Mutter.

Zutaten (für etwa 4–6 Personen)
Für den Nudelteig:

- 500 g Mehl
- 4 Eier
- 4 halbe Eierschalen Wasser
- 1 Tl Salz

Für die Füllung (für doppelte Menge Nudelteig ausreichend):

- 2 Zwiebeln
- 1 Frühlingszwiebel (einschließlich den grünen Teilen)/Weinberglauch/Stangenlauch oder Spinat
- 2 Bund Petersilie
- etwas Butter oder Margarine
- 500 g feines Bratwurstbrät
- 1 klein gewürfelter Landjäger
- 200 g klein gewürfelte, geräucherte Schinkenwurst
- 8 Brötchen (vom Vortag): 4 davon klein schneiden oder reiben, die anderen 4 in kaltem Wasser einweichen und ausdrücken
- 5 Eier
- Muskat, Pfeffer, Salz

Und so wird's gemacht:

Die Zutaten für den Nudelteig werden in eine Schüssel gegeben und mit dem Rührgerät (Knethaken) zu einem (festen) Teig verarbeitet. Dann wird mit den Händen eine Teigkugel geformt. Diese kommt bis zur weiteren Verwendung in eine Folie und wird zur Seite gelegt.

Für die Füllung werden Frühlingszwiebeln bzw. der Weinberglauch oder der Lauch ebenso wie die Zwiebeln und die Petersilie geputzt und in kleine Stücke geschnitten. Das Ganze wird dann mit Butter oder Margarine angedünstet.

Bratwurstbrät, Schinkenwurst, Landjäger, Brötchen und Eier in eine Schüssel geben, zu einem Teig verrühren, das abgekühlte Lauch-Zwiebel-Petersilie-Gemisch unterrühren und mit Muskat, Pfeffer, Salz würzen.

Der Nudelteig wird in ca. sechs Stücke geteilt und so ausgerollt, dass dünne Teigplatten entstehen. Drei Teigplatten mit Füllung bestreichen und die restlichen Teigplatten darüberlegen. Mit Hilfe eines Rührlöffelstiels in ca. 10 x 5 Zentimeter große Rechtecke einteilen, mit einem Backrädchen oder Messer durchschneiden und ca. zehn Minuten in kochende Fleisch- oder Gemüsebrühe geben und ziehen lassen.

Mai

Jetzt sind auch die Schwalben da, und der Kuckuck – einer der letzten Heimkehrer von den wandernden Vogelarten – ist wieder zu hören. Und wie immer blühen Apfelbäume. Ja, die Natur blüht und duftet um die Wette. Jetzt ist Erdbeerzeit, die ersten Radieschen werden geerntet und aus den Blüten des Holunders lassen sich leckere Holunderküchlein backen. Und dann erst Holunderbowle und Holundersekt! Jeden Morgen: ein vielstimmiges Vogelkonzert. Mit ihren Gesängen grenzen die Männchen der verschiedenen Arten ihre Brutareale ab.

DIE BLUME DES MONATS: KEUSCHE LIEBE UND MUTTER MARIA

Der betörende Duft der Maiglöckchen (*Convallaria majalis*) hat Dichter wie Joseph von Eichendorff und Hoffmann von Fallersleben reimen lassen. Auf Gemälden wachsen sie im Paradiesgärtlein, und Mutter Maria wurde gern mit Maiglöckchen umkränzt dargestellt. Die zarten schneeweißen Glöckchen sollen Bescheidenheit und keusche Liebe symbolisieren. Doch das Maiglöckchen hat es faustdick hinter den langstieligen Laubblättern: Die Pflanze ist nämlich ganz schön giftig. Sogar das Blumenwasser kann zum Schierlingsbecher werden. »Der süßliche Duft bereitet mir Kopfweh«, klagt meine Frau. »Trotzdem gehören Maiglöckchen für mich zum Wonnemonat wie Mickey zu Maus«, scherzt sie und holt sich im Garten ein Sträußchen für die Vase im Wohnzimmer.

SCHWEBENDE GÄRTNERHELFER

Stelldichein auf der Wilden Möhre auf meiner kleinen Wiese. »Da hat es aber viele Wespen«, sagt meine Nachbarin Marlene bei einem Besuch. Doch die vermeintlichen Wespen auf dem Doldenblütler sind gut getarnte Schwebfliegen. Sie haben zwar ebenfalls eine auffällig schwarz-gelbe Warnfarbe auf dem Hinterleib, aber stechen können sie nicht. Durch diese Tarnung schützen sie sich erfolgreich vor Fressfeinden. Ein Schwebfliegenweibchen der Art *Metasyrphus corollae* – sie hat keinen deutschen Namen – entfernt sich gewandt von der Pflanze, nachdem es sich mit Pollen und Nektar für einen längeren Flug gestärkt hat. Heute Morgen hat das Insekt eine Kolonie grüner Pfirsichblattläuse entdeckt und ist nun erneut auf der Suche nach Blattläusen. Als es dann eine Unmenge schwarzer Blattläuse findet, legt es dort mehrere Eier ab. Ein anderes Weibchen war auch bereits hier, denn es sind schon Larven zu sehen. Ganz junge Schwebfliegenlarven fressen vor allem die Eier der Blattläuse. Im fortgeschrittenen Stadium machen sie sich dann über die fertigen Blattläuse her. Frühmorgens oder abends lässt sich gut beobachten, wie die Schwebfliegenlarven mit schnellen, egelartigen Bewegungen die Kolonie aufsuchen. Sobald die Larve auf eine Laus trifft, wird diese blitzschnell aufgespießt, aus der Kolonie am Pflanzenstängel herausgerissen und oft in weniger als einer Minute ausgesaugt. Anschließend maskiert sich die Schwebfliegenlarve mit der ausgesaugten Körperhaut ihres Opfers. Auf diese Art ernährt sich die Schwebfliege in ihrer Jugend ausschließlich von Blattläusen. In einem Versuch ließ sich nachweisen, dass eine Larve während ihrer rund zehntägigen Entwicklung über 800 Blattläuse vertilgt. Danach verpuppt sie sich und verbleibt in der letzten Larvenhaut. Als ausgewachsenes Insekt ernährt sich die Schwebfliege von Pollen und Nektar, vor allem der Doldenblütler wie der Wilden Möhre. Wo es in Gärten und in der Ackerflur keine Wildpflanzen wie die Wilde Möhre, Schafgarbe, Kerbel und Bärenklau gibt, finden die jungen Schwebfliegen weit weniger Nahrung. Fehlt auch noch eine Hecke, so haben sie Schwierigkeiten, ein Überwinterungsquartier zu finden. Um die beschriebene Schwebfliegenart ebenso wie etwa 100 andere blattlausfressende Arten zu fördern und Blattläuse effektiv zurückzudrängen, bedarf es also eines Netzes von Gartenhecken und Wildkrautarten, die zusammen mit den Wegrändern, Böschungen und Feldhecken der offenen Flur sowie der Waldränder einen Biotopverband bilden, zu dem gerade auch pollen- und nektarspendende Pflanzen gehören. Schwebfliegen können zwar weit fliegen und Nahrungslücken überbrücken, doch die für den biologischen Pflanzenschutz erforderliche größere Tierzahl kann nur durch ein kleinräumiges Netz von Saum- und Trittsteinbiotopen erreicht werden. In jedem Garten können wir damit anfangen. Blattläuse haben den Schwebfliegen eines voraus: Sie können sich mehrere Generationen lang ohne Männchen fortpflanzen. Dieser Vorteil lässt sich wettmachen, wenn in den Hausgärten Wildkräuter als Nahrungspflanzen für Schwebfliegen geduldet und auch gefördert werden. Mit den »Tankstellen« der Schwebfliegen lassen sich so die Massen der Blattläuse giftfrei in Schach halten.

Machen Sie den Test

Viele unserer Besucher glauben es anfangs nicht, dass die Heerscharen von Läusen, welche die jungen Triebe unserer Kopfweide oder unseres Holunderstrauches befallen, schon nach zwei bis drei Wochen weg sind. In solchen Fällen zeige ich dann die schon kurz nach dem Auftauchen der Läuse zu beobachtenden Marienkäfer und, wieder einige Tage später, deren Jungen sowie Schwebfliegen und deren Larven. Kommen die Besucher nach einigen Wochen wieder, kann ich beweisen, dass man nur etwas Geduld braucht und der Natur Zeit geben muss. Und die Kräfte des Naturkreislaufes sorgen für Stabilität. Würden wir jedoch mit Insektenvernichtungsmitteln den Läusen sofort zuleibe rücken, hätten die Larven der Marienkäfer sowie der Florfliegen nichts zu fressen. Wie aber sollen wir erwarten, dass die Gesundheitspolizei des Gartens ihre Dienste verrichtet, wenn wir ihnen selbst keine Nahrung gönnen? Machen Sie also ruhig selbst den Test und zeigen Sie zunächst einmal Geduld.

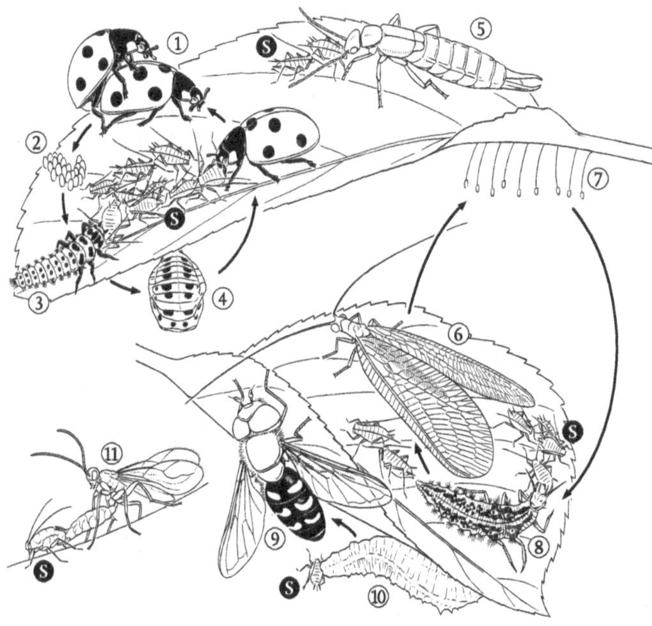

Nützliche Helfer der Insektenwelt im Biogarten: ① Marienkäfer (② Eier ③ Larve ④ Puppe) ⑤ Ohrwurm ⑥ Florfliege (⑦ Eier ⑧ Larve) ⑨ Schwebfliege (⑩ Larve) ⑪ Schlupfwespe 🅢 Blattlaus (Schadinsekt)

Mut zur Natur

Dunkelblaue und rosa leuchtende Akelei, rote Sprungblumen, gelbe Nachtkerzen. Das ganze Frühjahr und den ganzen Sommer über blüht es in unserem Biogarten. Auch wenn es unser Nachbar Max bis heute nicht glaubt, wir haben vieles nicht gepflanzt und nicht gesät. Man braucht einfach Mut zur Natur und darf nicht alles ausreißen, was vermeintlich nach »Unkraut« aussieht. Denn viele Pflanzen sind zweijährig und deshalb heißt es abwarten, was sich daraus entwickelt. Da haben wir auch die Erfahrung gemacht, dass man manche Pflanzen einfach an der Stelle gedeihen lassen sollte, die sie sich offensichtlich »ausgesucht« haben. Beispielsweise sind alle unsere Versuche, Stockrosen, die sich am Rand des Gartenweges hervordrängen, zu versetzen, kläglich gescheitert. Ähnlich verhält es sich mit den gelb oder weiß blühenden Königskerzen. Warum sollen nicht zwischen den Rosenbeeten auch andere Blumen blühen? Und wo das Grün allzu üppig ins Kraut schießt, kann man es später immer noch entfernen.

Der Gartentümpel – Naturlabor und Naturerlebnisinsel im Biogarten:
① Kleinlibelle (② Paarungsrad ③ Eiablage ④ Larve ⑤ Libellen-Exuvie) ⑥ Großlibelle (Plattbauchlibelle) ⑦ Wasserläufer (Wanze) ⑧ Rückenschwimmer (Wanze) ⑨ Spitz-Schlammschnecke ⑩ Teichmolch-Weibchen ⑪ -Männchen ⑫ Grasfrosch (⑬ Froschlaich ⑭ Kaulquappen-Stadien); Mikroorganismen: ⑮ Wasserfloh ⑯ Hüpferling ⑰ Rädertierchen ⑱ Grünalgen ⑲ Blaualgen

WASSER IST LEBEN – NATURERLEBNIS GARTENTÜMPEL

Bunt schillernde Libellen, gelb leuchtende Sumpfdotterblumen als erste Frühlingsboten, edel wirkende weiße Seerosen und das Pink des Blutweiderichs als die Farbe des Sommers: Das ganze Jahr über bietet ein naturnah gestalteter Tümpel vielfache Impressionen. Wer den Platz dazu hat – und es gibt auch im kleinsten Garten Gelegenheit für einen Miniteich – sollte sich die Freude eines Gartentümpels nicht entgehen lassen. Hier ist zu beobachten, wie aus der ansonsten im Wasser lebenden, unscheinbaren und für manche eher hässlich anzusehenden räuberischen Larve, die an einem Pflanzenstängel hochgeklettert ist, eine zerbrechlich wirkende Libelle schlüpft. Langsam entfalten sich die glasigen Flügel und müssen erst in der Sonne »gehärtet« werden. Ein anderes Schauspiel in meinem Tümpel ist in jedem Frühjahr der Balztanz der Teichmolche. Unaufhaltsam scheinen sie um die Weibchen zu werben. An ihren prallen Körpern ist zu sehen, dass sie schon bald zur Eiablage kommen. Rückenschwimmer, Wasserläufer und viele andere Insekten – darunter auch der Taumel-Wasserkäfer – bevölkern den Tümpel. Nur eines gibt es nicht, nämlich Larven von Schnaken, wie die Stechmücken im Volksmund oft genannt werden, obwohl Schnaken eigentlich andere Insekten sind. Denn wo immer sich in einem intakten Tümpel »Schnakenlarven« aufhalten, sind sofort die Wasserläufer und die kieloben schwimmenden Rückenschwimmer zur Stelle. Beide gehören zu den Raubwanzen und saugen Stechmückenlarven fast im Akkord aus. Wer also darauf achtet, dass er keine Schnakenbrutstätten im Garten hat, muss ein Auge auf nicht ablaufende Dachrinnen, Wasserfässer und andere Gefäße, in denen Wasser stehen bleibt, haben. Nur dort, wo sich keine natürlichen Feinde einstellen können, besteht für die Schnaken Gelegenheit zur erfolgreichen Vermehrung. Und dann ist der Gartentümpel noch eines, nämlich begehrte Vogeltränke. Ob Amseln, Buchfinken, Grünfinken oder die stets hastig und aufgeregt wirkenden Stieglitze, sie finden sich zum Trinken und Baden ein. Weitere Gäste kommen hinzu: Hornissen sowie verschiedene andere Wespenarten. Sie holen am Rand des Tümpels kleinste Wassermengen, um damit ihre filigranen Pappmachénester feucht zu halten, für Kühlung zu sorgen und die madenähnlichen Larven mit Feuchtigkeit zu versorgen.

Jeder Garten ist anders und die Umgebung jedes Gartens präsentiert sich auch überall anders. Tiere bevölkern den Gartentümpel, die von Natur aus am besten dorthin passen. Keinesfalls dürfen Frösche, Kröten und deren Larven (Kaulquappen) oder Molche und Salamander aus der Natur entnommen und in den eigenen Gartentümpel gebracht werden. Das ist streng verboten und macht auch wenig Sinn, weil die Tiere wieder abwandern. Das gilt auch für andere Arten. Lassen Sie sich deshalb überraschen und zeigen Sie etwas Geduld. Sie werden sehen, dass die Natur schon von selbst dafür sorgt, dass sich an entsprechender Stelle nur die Arten ansiedeln, die dort auch ihren Lebensraum finden.

Einen Tümpel anlegen – aber wie?

Fast in allen Fällen ist es erforderlich, dass der Untergrund vor der Neuanlage eines Gartentümpels abgedichtet wird. Lediglich in Talbereichen, wo das Grundwasser entsprechend hoch steht, kann darauf verzichtet werden. Aber in solchen Gegenden gibt es in aller Regel keine Häuser und deshalb auch keine Hausgärten.

Wie kann der Tümpel bestmöglichst abgedichtet werden?

Abdichtung mit Kunststofffolie

Man verlegt eine spezielle Teichfolie auf weichem, steinfreiem Untergrund (am besten zehn bis 20 Zentimeter starkes Sandbett). Im Fachhandel sind entsprechende Teichfolien in verschiedenen Größen erhältlich und werden von Spezialfirmen auch nach Maß geliefert. Müssen Folienbahnen zusammengeschweißt werden, sollte man Spezialfirmen beauftragen. Die Kunststoffplane wird am Rand des Teiches mindestens 20 Zentimeter tief abgesenkt und mit Steinen und Erde beschwert. Die Folie ist so vor Sonnenlicht und mechanischer Beschädigung geschützt, und es kann ein naturnaher Teichrand entstehen. Soll vermieden werden, dass vom umgebenden Erdreich das Wasser dochtartig angesaugt wird, muss der Folienrand »Luftanschluss« haben, d. h., die Folie sollte einige Zentimeter aus dem Erdreich ragen. Sie kann mit Natursteinen abgedeckt werden.

Auf die Folie wird ein Substrat aus Sand und Lehm (möglichst frei von scharfkantigen Steinen) gebracht.

Vor Nagetieren kann der Teichgrund mit einem unter

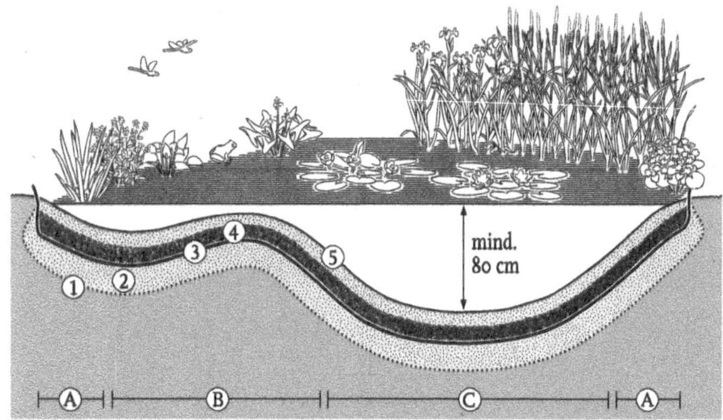

Konstruktion eines Gartenteichs (Abdichtung mit Kunststofffolie):
① Gitternetz ② Sandbett ③ Teichfolie ④ Pflanzenerde (nährstoffreich, sandig-lehmig) ⑤ Sand
Ⓐ Uferzone Ⓑ Flachwasserzone Ⓒ Tiefenwasserzone

dem Sandbett verlegten Drahtgitternetz (engmaschig) geschützt werden. (Nur für Hausgärten und Parkflächen; niemals in der freien Landschaft.)

Abdichtung mit Ton

Mit »Lettenschlag« wurden schon vor Jahrhunderten künstliche Teiche angelegt:

Auf dem Teichboden wird Ton oder Lehm in einer Stärke von ca. 30 Zentimetern aufgebracht. Nachdem diese Schicht mit etwas Wasser bedeckt ist, muss der Lehm barfuß oder mit Rohrstiefeln »eingestampft« werden, damit er dicht wird. Auf diese Teichbodendichtung kommt ein Substrat aus Sand und Erde, welches mit einer Kiesschicht abgedeckt wird. Wenn alle Schichten eingebaut sind, muss umgehend eine »Bespannung« (so nennen das die Wasserbauer) mit Wasser erfolgen, da sich sonst bei Austrocknung Risse bilden und der Teichboden undicht werden kann.

Betonbecken

Der Boden kann auch mit Beton abgedichtet werden. Bei größeren Teichen birgt das jedoch Schwierigkeiten, da wasserdichte Dehnungsfugen eingebaut werden müssen. Infrage kommt eine Abdichtung mit wasserundurchlässigem Beton oder mit »normalem« wasserdurchlässigen Beton, der dann anschließend mit einem Sperrputz (sogenannter Glattstrich) versehen wird. Am besten ist es, man lässt sich – falls man nicht selbst über das entsprechende handwerkliche Geschick verfügt – bei einer Abdichtung mit Beton von einer Fachfirma oder versierten Handwerkern beraten.

Gegenüber einer Lehmabdichtung und der Abdichtung mit Kunststofffolie hat der Betonboden im Gartentümpel den Vorteil, dass eine spätere Reinigung einfacher möglich ist. Die Sumpf- und Wasserpflanzen werden sich schnell entwickeln. Die später dichte Vegetation und das sich ansammelnde Substrat am Teichboden müssen alle paar Jahre entfernt werden. Da ist es nur störend, wenn man nach dem Ablassen des Wassers nicht richtig mit der Schaufel und anderen Geräten arbeiten kann, weil man Angst haben muss, dass die Teichfolie durchstoßen wird. Betonbecken sind also für kleinere Tümpel letztlich die bessere Alternative.

Vorbild Natur

Ob Gartentümpel oder größerer Gartenteich: Die Natur gibt uns das Ziel selbst vor. Nämlich eine große Vielfalt an kleinsten ökologischen Strukturen schaffen! Dies kann erreicht werden durch:

- Schaffung einer möglichst langen, geschwungenen Uferlinie
- flache und steile Ufer
- flache, sich schnell erwärmende Wasserzonen
- tiefere (ca. 0,50–1,50 m) krautreiche Wasserbereiche
- unbewachsene, mit Sand oder Kies bedeckte Uferbereiche
- Anlage von kleinen »Buchten« und Inseln
- Schaffung von Versteckmöglichkeiten in Ufernähe

Ob sich auch Amphibien – wie Molche oder Frösche – ansiedeln, hängt von der Umgebung und Lage des Gartens ab. Wenn es in den Randbereichen von Dörfern und Städten noch Amphibienvorkommen gibt, dann besteht am ehesten die Möglichkeit, dass sich das künstlich angelegte Gewässer zu einem kleinen Laichplatz entwickelt. Keinesfalls dürfen Amphibien künstlich angesiedelt werden; sie würden schnell wieder abwandern. Stellen sich von selbst Frösche, Molche oder Kröten ein, ist zu berücksichtigen, dass mit Ausnahme des Wasserfroschs alle Arten außerhalb der Laichzeit ein verborgenes Landleben führen. Daher muss der gesamte Gartenbereich naturnah beschaffen sein und entsprechende Versteckmöglichkeiten – wie moderndes Holz, Reisig- oder Steinhaufen und natürliche Gehölze – aufweisen.

Ein solcher Garten kann auch für den Anbau von Gemüse und Obst genutzt werden. Ein Naturgarten schließt das nicht aus, wenn der Anbau biologisch erfolgt.

Der Frühling

Die Sonne glänzt, es blühen die Gefilde,
Die Tage kommen blütenreich und milde,
Der Abend blüht hinzu, und helle Tage gehen
Vom Himmel abwärts, wo die Tag' entstehen.

Das Jahr erscheint mit seinen Zeiten
Wie eine Pracht, wo sich Feste verbreiten,
Der Menschen Tätigkeit beginnt mit neuem Ziele,
So sind die Zeichen in der Welt, der Wunder viele.

Friedrich Hölderlin (1770–1843)

GRENZGÄNGER AM LATTENZAUN

Es ist schon ein paar Jahre her, an einem warmen Junimorgen fiel es Carolyn zuerst auf. »Letzte Woche waren hier noch keine Schlingpflanzen um die Zaunlatten«, sagte sie erstaunt. »Die Kakteen von Mama haben manchmal auch so große weiße Blüten«, meinte Christian. Unsere Kinder, noch vor ihrer Computerzeit, hatten beim Suchen ihrer noch aus meiner Jugendzeit stammenden Schildkröte am Zaun die Blüten einer Zaunwinde entdeckt. Diese Pflanze – wie ihre Verwandte, die Gartenwinde, von vielen Hobbygärtnern leider nicht sehr geschätzt – ist ein echtes Phänomen.

Die ursprüngliche Heimat dieser Pflanze sind die Röhrichte, wo sich die Winde an Schilfstängeln und anderen »Gerüstpflanzen« emporschlingt. Aber seit langer Zeit wachsen Zaunwinden auch an Waldrändern, Gebüschen, Hecken und eben an Zäunen. Und das Winden ist schon ein erstaunlicher Vorgang. Entgegen dem Uhrzeigersinn beschreibt die Stängelspitze während des Wachstumsvorgangs einen Kreis. So versucht die Pflanze eine geeignete Unterlage zum Emporranken zu finden. Bei ihren »Suchbewegungen« braucht die Zaunwinde für einen vollen Kreis, der im Übrigen mehrere Zentimeter Durchmesser haben kann, gerade mal zwei Stunden. Und so kann es unter günstigen Bedingungen recht schnell passieren, dass der Zaun innerhalb von wenigen Tagen zu grünen beginnt. Nach wenigen Wochen schon kann ein Zaunstück vollständig von der Zaunwinde überwachsen sein.

Ein anderer Rekordler am Zaun ist die eigenartige Zaunrübe. Diese zu den Kürbisgewächsen gehörende Pflanze gedeiht an warmen Stellen auf nährstoffreichen, humushaltigen und lockeren Lehmböden. Die Sprossen der Zaunrübe wachsen bei günstigen Temperaturen 0,056 Millimeter in der Minute, und die Pflanze bringt es so am Tag auf acht Zentimeter Zuwachs. Das ist schon erstaunlich, wenn man weiß, dass die meisten Pflanzen mit einer Geschwindigkeit von »nur« weniger als 0,005 Millimetern in der Minute wachsen.

Zäune und Mauern sind ja in erster Linie auch Grenzen. Aber nur für uns Menschen und für einige Tiere, die nicht fliegen können und die zu groß sind, um durch Spalten und zwischen oder unter Latten und Drahtgeflecht durchkriechen zu können, oder die zu klein sind, um darüber hinwegzuspringen oder zu klettern.

Damit mein Garten für Wildtiere einladend ist (vorbeistreunende Hunde will ich natürlich nicht hier haben), habe ich an ein paar Stellen des Zaunes die Latten am unteren Ende ein Stück abgesägt. Jetzt sind dies Schlupflöcher für Igel, Kröten und Co.

Für viele Tiere und Pflanzen sind Zäune und Mauern und auch die schmalen Streifen entlang dieser »Grenzen« sogar ganz spezielle Lebensräume. Da gibt es Pflanzen und Kleintiere, die dorthin von den umgebenden Gärten, den Wiesen, Hecken und Waldrändern eingewandert sind. Andere haben sich als richtige Überlebensstrategen der schmalen Welt angepasst. Manche Tiere kommen immer mal wieder als Grenzgänger am Zaun vorbei, um dort auf Nahrungssuche zu gehen, sich im Schutz der rankenden Pflanzen und der Stauden zu verstecken oder um Baumaterial zu holen wie die Wespen, die hier vom ergrauten Holz Fasern abschaben, um damit ihre furnierartigen Nester zu bauen.

Aber nur dort, wo die Natur noch nicht von den Randzonen vertrieben wurde und chemisch rein gehaltene Betonmauern und plastiküberzogene Drahtzäune noch nicht Lattenzaun und Natursteinmauer ersetzen, können sich »grüne Grenzen« entlang der Wege entwickeln.

Dass sich viele Tiere und Pflanzen auf die Grenzwelt spezialisiert haben, zeigen uns nicht nur Pflanzennamen wie Zaunwinde, Zaunrübe, Zaunwicke, Mauerraute, Mauerpfeffer und Mauerlattich, sondern auch Tiernamen wie Zaunkönig, Zauneidechse und Mauereidechse.

Putziges Energiebündel: der Zaunkönig

Wenn ein Garten nicht zu klein ist und auch unaufgeräumte Ecken aufweist und vielleicht noch an andere, ebenfalls nicht durch Insektengifte tot gepflegte Gärten grenzt, lebt mit ziemlicher Sicherheit auch der Zaunkönig. Als Neststandort sind etwa Hecken, überwachsene Steinhaufen oder auch efeuberankte Mauern sowie Gebüsche und Sträucher, die den Komposthaufen einrahmen, geeignet. Der sich meist in Bodennähe und dichter Vegetation – oft auch in alten Reisighaufen – aufhaltende Zaunkönig gehört neben dem in Wäldern lebenden Goldhähnchen zu den kleinsten Vögeln Europas. Während man das federleichte Energiebündel – ein Zaunkönig bringt es gerade mal auf fünf Gramm – eher selten sieht, fällt er durch den lauten und schmetternden Gesang auf. Als Neststandort werden Höhlungen und Spalten in Holz- und Steinhaufen oder in Erdwällen gewählt. Wenn sie tief genug hängen, werden auch Nisthöhlen – es gibt mittlerweile auch Holz- und Kunsthüllen für den Zaunkönig in Gartenmärkten oder direkt bei der Firma Schwegler (www.schwegler-natur.de) – besetzt. Auch kann es vorkommen, dass Zaunkönige ihre Kinderstube in die alten

Nester anderer Vogelarten bauen. Die Nestform ist sehr variabel. Es gibt längliche bis nahezu kugelförmige Nester, die einen seitlichen Eingang aufweisen. Das Hausbauen ist beim Zaunkönig Männersache. Das Männchen baut mehrere Nester und verwendet hierfür altes Laub, Teile von Farn, aber auch Moos und Gras. Dabei müssen die Zaunkönigmännchen ganz schön schuften. Denn sie bieten ihrem Weibchen gleich mehrere Nester an. Hat sich Madame für eines entschieden, polstert sie dieses mit Federn aus. Die fünf bis sechs weißlichen mit dunklen Flecken überzogenen Eier werden über einen Zeitraum von zwei Wochen bebrütet. Nach ungefähr zweieinhalb Wochen fliegen die Jungen aus und werden noch einige Zeit von den Eltern geführt.

Zaunkönige ernähren sich überwiegend animalisch und verspeisen kleine Gliederfüßer und deren Larven sowie Schnaken und kleine Schmetterlinge, aber auch Weberknechte und Spinnen. Nur selten in strengen Wintern, wenn es für die Zaunkönige keine tierische Kost zum Knabbern gibt, weichen sie auch auf Sämereien aus.

TATORT WILDROSE

In meine wild wachsende Hecke – die ich alle zwei bis drei Jahre ähnlich einer Feldhecke zurückstutze – habe ich auch ein paar Wildrosensträucher gepflanzt. Für mich sind Wildrosen etwas ganz Besonderes. Die zarten weißlichen oder rosa Blüten stehen im krassen Gegensatz zu den dornenbewehrten Stängeln. Wildrosen sind so etwas wie Urgewächse, die an die Welt der Märchen und Sagen erinnern. Und es war ja auch ein Wildrosengebüsch, das Dornröschen während ihres Märchenschlafes im Schlossturm beschützte. Wenn man bedenkt, dass zumindest der angeblich tausend Jahre alte Rosenstock am Hildesheimer Dom auf eine Höhe von mehr als acht Metern kletterte, so scheint das sagenhafte Wachstum der Rose gar nicht so ausgeschlossen zu sein. So wie der Strauch Dornröschen umgarnte, so beschützt er eine Vielzahl von Tieren. Dazu gehören vor allem Insekten.

Wenn an einer Wildrose ein merkwürdiger Haarfilz wächst, so ist diese Erscheinung keineswegs märchenhaft. Hier hat die Rosengallwespe in den Blattachseln ihre Eier abgelegt. Wochen darauf schlüpfen die Larven und ernähren sich von den Blättern. Wie bei der Eichengalle veranlasst ein Wachstumshormon, dass der Strauch einen dichten Haarfilz, die Rosengalle, treibt und die Larve darin gefangen hält. Doch wer hat nun eigentlich das Sagen? Schützt sich der Strauch mit dieser Mietwohnung möglicherweise vor einem unkontrollierten Fraß des Tieres? Wir wissen es nicht. Bekannt ist jedoch, dass eine weitere Gallwespenart ihre Eier in die haarige Speisekammer legen kann. Den Untermieter in der Kinderstube sucht schließlich noch eine Erzwespe heim, deren Larven langsam beide Erstinsassen vertilgen. Damit entwickelt sich ein spannender Krimi auf der Wildrose. Die Mörderei hat erst ein Ende, als der sechste Besucher, wiederum eine Erzwespe, hart den Fall zugunsten ihres Nachwuchses entscheidet. Trotz des Krimis in der Wildrose haben die verschiedenen Insektenarten überlebt. Die Natur gleicht halt aus.

Die Hundsrose wächst ursprünglich an Waldrändern und Lichtungen und erreicht eine Höhe von zwei bis drei Metern. Der Strauch fällt auf, wenn er im Juni in Büscheln hellrosa und zart duftend blüht. Als Frucht erscheint im Spätsommer die rote eiförmige Hagebutte. Es ist eine Scheinfrucht, denn die Samennüsschen mit den seidenweichen Haaren liegen im Innern verborgen. Drosseln oder der Eichelhäher verbreiten die Sammelfrüchte. Das Rosengewächs verlässt sich jedoch nicht nur auf den Zufall, wenn es um die Arterhaltung geht. So treibt die Pflanze aus dem Wurzelstock jährlich neue Zweige, die sich bogenförmig nach außen drehen. Nach deren Verholzung schießen erneut Ruten aus dem Stock, und zwar immer aus der Mitte des Strauches. Wenn die Zweige auf den Boden herabhängen und dort schließlich Fuß fassen, können sie wieder wurzeln und Tochtergesellschaften gründen. Die Beerenfirma weiß sich auch mit ihren Stacheln zu behaupten. Dank dieser Kletterwerkzeuge rutschen die Zweige nicht ab. Sie sind nämlich nach rückwärts gerichtet. Die karabinerähnlichen Vorrichtungen lassen sich leicht vom Stängel abdrücken, weshalb man sie als Stacheln bezeichnet. Dornen – etwa bei der Brombeere – wachsen dagegen als spitze Zweige aus den Gehölzen und können, wie zum Beispiel bei der Schlehe, nur mit Mühe abgebrochen werden. Leichter kann man die Früchte der Hundsrose, die Hagebutten, vom Strauch abpflücken. Sie strotzen geradezu vor Vitaminen und sind am schmackhaftesten und haltbarsten, wenn sie zu Marmelade verarbeitet werden.

WILD- UND ZIERROSEN FÜR DEN BIOGARTEN

In Gärtnereien und Spezialversandhäusern für Gartenbedarf gibt es wieder heimische Wildrosen und alte Zierrosensorten zu kaufen. Wichtig ist, dass die Rosen nicht zu sehr gefüllt sind, da Insekten sonst nicht mehr an Pollen und Nektar gelangen können.

Heimische Wildrosen

Name	Höhe in cm	Blütenfarbe
Hundsrose *(Rosa canina)*	100–300 cm	blassrosa
Hechtrose *(Rosa glauca)*	100–200 cm	rot-weiß
Essigrose *(Rosa gallica)*	50–100 cm	rot
Apfelrose *(Rosa villosa)*	50–150 cm	rosa-weiß
Bibernellrose *(Rosa spinosissima)*	20–100 cm	cremeweiß
Zimtrose *(Rosa majalis)*	100–150 cm	karminrot
Alpenrose *(Rosa pendulina)*	100–150 cm	kräftigrosa

Alte Gartenrosen

Name	Höhe in cm	Blütenfarbe
Breitblättrige Bibernellrose *(Rosa piminellifolia 'Latifolia')*	120–150 cm	weiß
Gelbe Bibernellrose *(Rosa piminellifolia 'Lutea')*	50–100 cm	gelb
Rosa Bibernellrose *(Rosa piminellifolia 'Glory of Edzell')*	120–150 cm	kräftigrosa
Kriechende Bibernellrose *(Rosa piminellifolia 'Repens')*	30–50 cm	rahmweiß
Frankfurter Rose *(Rosa francofurtana)*	80–120 cm	rot
Weinrosensorte *(Rosa rubignosa 'Lady Penzance')*	150–200 cm	lachs

ERDBEEREN – DIE WILDEN VERWANDTEN LEBEN IM WALD

Vermutlich waren es die Franzosen, die als Erste auf den süßen Geschmack kamen. Denn aus dem Frankreich des 14. Jahrhunderts sind die frühesten Kulturen von Erdbeeren bekannt. Doch erst einige Jahrhunderte später begann man in größerem Stil Erdbeeren zu züchten. Aus Nordamerika gelangte im Jahr 1623 die Scharlach-Erdbeere und aus Südamerika 1712 die riesige Chile-Erdbeere nach Europa. Wiederum in Frankreich kreuzte man besonders diese Arten zu großbeerigen Gartenerdbeeren, deren Sorten heute noch bekannt sind. Doch diese Züchtungen kommen an den äußerst aromatischen Geschmack der wild wachsenden Verwandten unserer Gartenerdbeere, der Walderdbeeren, keineswegs heran. Rund sechs Prozent ihres Frischgewichts besteht aus Zucker. Oft sind die kleinen roten Beeren am Rand lichter Waldwege zu entdecken. Lichte Wälder und insbesondere Waldlichtungen und Waldränder sind auch die Heimat der wilden Walderdbeeren. Es muss nur etwas feucht und nährstoffreich sein, und das ganze Jahr über zeigt sie erstaunliche Techniken des Überlebens. Mit ihren wintergrünen Blättern ist die Walderdbeere in der Lage, Reservestoffe zu sammeln und einen einmal eingenommenen Platz zu verteidigen. Im Mai und Juni erscheinen die fünf weißen zarten Blüten. Sie locken außer Faltern viele andere Insekten an. Nach der Befruchtung reifen die typischen roten Beeren heran. Tiere, insbesondere Vögel und Schnecken, übernehmen die Verbreitung der unverdaulichen Samen. Doch die Walderdbeere vermehrt sich auch auf andere Weise. Im Sommer treibt die Pflanze – wie die Gartenerdbeere auch – bis über zwei Meter lange Ausläufer. An deren Ende wartet die bewurzelte Spitze darauf, dass sie an einer geeigneten Stelle »Fuß« fassen kann. Dort bildet eine Tochterpflanze dann eine neue Blattrosette. Der Ausläufer hat, ähnlich einer Nabelschnur, seine Funktion als »Versorgungsschlauch« erfüllt und stirbt allmählich ab. Nicht zuletzt bleiben die klebrigen Früchte auch im Fell von Marder, Wiesel und anderen Tieren haften und siedeln sich andernorts an.

Für uns Menschen hat diese kleinste Pflanze aus der Familie der Rosengewächse einiges zu bieten. In 100 Gramm Erdbeeren finden sich 60 Milligramm Vitamin C. Wegen der Gerbstoffe lassen sich die Blätter als Ersatz für chinesischen Tee verwenden. Sie sollen eine beruhigende, blutreinigende Wirkung haben.

Am Rand und unter meiner frei wachsenden Hecke habe ich vor ein paar Jahren Walderdbeeren gepflanzt, die ich von einem Waldbesuch mitgebracht habe. Nachdem eine solche Wildhecke aus Hainbuche, Hasel, Feldahorn, Hartriegel und Wildrosen von der Struktur her einem Waldrand gleichkommt, sind die Bedingungen ideal und die Walderdbeeren haben sich schnell vermehrt. Freilich reichen die Früchte nicht für einen Erdbeerkuchen. Dafür haben wir ein kleines Erdbeerbeet angelegt. Weil die eigene Erdbeerproduktion auch nicht für die allseits so beliebte Erdbeermarmelade reicht, kaufen wir die anderen Früchte beim Obst- und Beerengärtner im Nachbarort. Schließlich will der Gärtner auch etwas verdienen. Nachdem seit einigen Jahren Erdbeerzüchter anbieten, die Früchte selbst zu pflücken, ist es fast schon wie zu Hause. Mal ganz ehrlich, es ist schon bequem, einfach nur zu ernten und die Vorarbeiten anderen überlassen zu können.

ES GIBT SIE NOCH ...

... die alten, wohlschmeckenden Sorten, wenngleich sie die Ausnahme unter den 400 erfassten Erdbeersorten darstellen. Die Kleine Monatserdbeere (*Fragaria vesca semperflorens*) entstand durch Mutation aus der Walderdbeere. Die »Mieze Schindler« stammt von einer Sorte aus dem Jahr 1861 ab. Weil sie nur weiblich ist, braucht sie zum Früchtetragen in ihrer Nähe eine Befruchtungssorte (z.B. *Ostara* oder *Peltata*). Beide Erdbeerdelikatessen sind noch bei einigen Händlern erhältlich.

Die wilden Verwandten unserer Zierpflanzen

Ob Herbstaster, Lupine, Gartentürkenbund oder Zierrose – alle unsere bekannten Gartenpflanzen haben »wilde Verwandte«, die in unterschiedlichsten Lebensräumen gedeihen.

Manche sogar in anderen Ländern. Sie sind oft über lange Wege und Umwege zu uns gekommen. So etwa die Lupine, deren Heimat eigentlich China ist. Andere Lupinenarten stammen aus Nordamerika und wurden und werden bei uns angebaut oder als Zierpflanzen gepflanzt. Im Garten sind Lupinen oft Ziel von Hummeln. Also auch Zierpflanzen können Natur in den Garten bringen, wenn man die richtigen wählt. Ganz so überprächtig wie manche Zier- und Pfingstrosen sollten sie jedoch nicht gefüllt sein. Denn sonst kommen Schmetterlinge, Bienen, Hummeln, Schwebfliegen und andere Insekten nicht einmal mehr an den Nektar heran. Apropos Schmetterlinge: Für sie ist der Phlox eine ideale Nährpflanze.

Der Feldrittersporn ist Urahn der vielfach bunt gefärbten Ritterspornarten. Beim Gartentürkenbund aus der Staudengärtnerei ist die Ähnlichkeit mit dem Türkenbund unserer Laubwälder eigentlich unverkennbar. Die vielen Asternsorten unserer Gärten haben sowohl einheimische Verwandte als auch Stammformen im fernen Asien und in Nordamerika.

DAS BIOGARTENREZEPT DES MONATS MAI

Rhabarberchutney

Zutaten

- *1 kg Rhabarber*
- *20 ml Weißweinessig*
- *3–5 Nelken*
- *150–200 g Zwiebeln*
- *1 Knoblauchzehe*
- *300 g Zucker*
- *¼ Tl Chilipulver*
- *¼ Tl Ingwerpulver*
- *1 Tl Senfpulver*
- *ca. ½ El Salz*

Und so wird's gemacht:
Rhabarber waschen und schälen. Anschließend in ca. 1 cm lange Stücke schneiden. Den Essig zusammen mit den Nelken aufkochen (kurz) und anschließend die Nelken entfernen. Die zu kleinen Würfelchen geschnittenen Zwiebeln und den ebenfalls klein geschnittenen Knoblauch zusammen mit dem Zucker und den Gewürzen mit dem Essig in einen Topf geben und mit den Rhabarberstückchen langsam köcheln lassen. Das Einköcheln sollte so lange unter gelegentlichem Umrühren fortgeführt werden, bis das Chutney die richtige Konsistenz hat. Es sollte etwa eine Dicke wie Marmelade haben. Anschließend heiß in entsprechend vorbereitete, gut verschließbare Gläser füllen. Diese umstürzen und kalt werden lassen.

Ein solches Rhabarberchutney hilft, das Frühjahr geschmacklich zu verlängern. Es schmeckt kalt bestens zu Kalbfleisch, gekochtem Rindfleischaufschnitt, zu Schweinebraten oder erwärmt zu Ente oder Taube.

Juni

Der Frühling verabschiedet sich, der Sommer kommt. Das breit gefächerte Grün ist weitgehend verschwunden. Die Blätter der Gehölze zeigen sich jetzt in sattem Grün. Juni ist die Zeit der Rosen. Wie herrlich manche Arten duften! Juni ist auch Zeit der Ernte. Jetzt gibt es leckere Himbeeren und herzhaft säuerliche Rote und Schwarze Johannisbeeren. Was die Tomaten machen? Vor Wochen gepflanzt, ist jetzt zu hoffen, dass sie nicht wieder Braunfäule bekommen. Brühe für den biologischen Pflanzenschutz ansetzen, das zu üppige auf den Gehweg hinaushängende Grün zurückschneiden, und in jeder freien Minute einfach den Sommer genießen, Natur mit allen Sinnen wahrnehmen.

DIE BLUME DES MONATS: DIE KÖNIGIN HAT STACHELN

Keine Rose (*Rosa*) ohne Dornen? »Rosen haben keine Dornen – sie haben Stacheln«, verbessert meine Frau pingelig. Die Königin der Blumen ist also eine stachelige Schönheit. Der Unterschied ist schnell erklärt: Stacheln sind lediglich Auswüchse der oberen Zellschichten – also quasi die »Haut« der Rose. Dornen hingegen sind umgewandelte Blätter oder Zweige. Die Verwandlung vom Blatt zum Dorn macht in heißen Ländern durchaus Sinn: So spart die Pflanze Wasser, denn sie wird vor zu starker Verdunstung geschützt. Auch Dornen haben eine wichtige Funktion: Sie schützen vor allzu hungrigen Tieren. Wer beißt schon gern in einen Dorn? Für mich sind Rosen die Königsblumen des Junis.

DIE KUNST DES GIESSENS – EIN SCHLÜCKCHEN AUS DER KANNE ODER WASSER MARSCH?

Also, ich geb's zu: Ich bin ein Gießer! Meine Frau regt sich immer auf, wenn wir irgendwo bei anderen Gartenbesitzern eingeladen sind. Denn als Erstes lasse ich meinen Blick über Beete und Rabatten schweifen und bewerte insgeheim die Feuchtigkeit des Bodens. Es tut mir in der Seele weh, wenn ich Pflanzen welken sehe. Unwillkürlich und wie fremdbestimmt greife ich dann zur Gießkanne und wandere – sehr zum Erstaunen unserer Gastgeber – durch den Garten und gieße, während die anderen ihren Begrüßungssekt trinken.

Einmal habe ich sogar einen Schlauch angeschlossen, als all die anderen Gäste ihre Grillwürstchen aßen und mich verdutzt fragten, ob ich löschen wollte. Ich sagte nur: »Nicht löschen, gießen ...!« Doch meine Frau hat mir einen bösen Blick zugeworfen und gedroht: »Wenn du das machst, gehe ich nicht mehr mit!« Trotzdem hab ich beim nächsten Mal während eines Besuches die Blumen in der Diele und im Gästeklo unserer Freunde gegossen.

Dabei bin ich in fremden Gärten wie die Feuerwehr mit dem Schlauch als Lebensretter unterwegs. Wasser ist Leben, so heißt es doch immer. Und auch Pflanzen wollen leben. Aber haben sie wirklich »Durst« wie wir Menschen? Warum müssen Gärtner eigentlich immer gießen?

Auf diese Frage gibt es zwei ganz wesentliche Antworten: Alle Nährstoffe im Boden sind wasserlöslich. Pflanzen können also nicht »essen«, wenn sie nichts zu »trinken« haben. Sie sind auf Gedeih und Verderb auf die Nährstoffsuppe angewiesen. Der zweite Grund hängt schlicht mit dem Aufbau der Pflanzen zusammen. Chemisch betrachtet bestehen sie bis zu 95 Prozent aus Wasser und das Lebenselixier muss ihnen ständig serviert werden.

Wasser bedeutet also wirklich Leben! Nur mit Wasser können Pflanzenzellen funktionieren. Sie brauchen allein schon Wasser, um den Druck im Zellinneren aufrechtzuerhalten. Ohne Wasser welken Pflanzen. Sie verschrumpeln, weil der Druck im Inneren der Zellen nachlässt.

Die Gießformel ist relativ schlicht. Merken Sie sich einfach nur drei Mal die Eins: auf 1 Quadratmeter wird eine 1 Zentimeter dicke Bodenschicht von 1 Liter Wasser durchfeuchtet. Jetzt muss man die Tiefe der Wurzeln in Betracht ziehen und schon wird ein Schuh draus. Streckt eine Gemüsepflanze ihre Wurzeln zehn bis 20 Zentimeter tief in die Erde, müssen wir zehn bis 20 Liter Wasser vergießen.

Doch ganz so einfach ist die Gießerei nun auch wieder nicht. Ist der Boden erst pulvertrocken, kann er nur sehr schlecht Wasser aufnehmen. Deshalb lassen gute Gärtner die Erde nie austrocknen. Die Gießmenge ist übrigens auch von der Bodenbeschaffenheit abhängig. Sandige und lehmige Böden sind wahre Wasserspeicher. Und wir wissen ja, dass Pflanzen nasse Wurzelfüße überhaupt nicht mögen. Also, zu viel gießen – das räume ich ein – ist dann auch wieder nicht gut.

Welches Wasser schmeckt den Pflanzen am besten? Es sollte wohltemperiert sein. Eiskaltes Wasser mögen Pflanzen gar nicht. Rücksichtsvolle Gartenfreunde sammeln extra Regenwasser für ihre Schützlinge. Das schont außerdem die Wasserrechnung, die bei großen Gärten in der Hauptgießzeit im Juli und August schnell zu Buche schlagen kann. Denn gerade in der wichtigsten Wachstumszeit schlucken kniehohe Kulturen am Tag bis zu fünf Liter pro Quadratmeter. Deshalb haben wir schon vor Jahren eine unterirdische Zisterne mit Elektropumpe angelegt. Die fasst zweieinhalbtausend Liter. Da kann ich schon eine Menge Geld sparen. Auch Leitungswasser darf in die Gießkanne. Es bekommt den Pflanzen besser, wenn es abgestanden ist. Doch ganz unproblematisch ist die Sache mit dem Leitungswasser nicht: Dabei geht es um den pH-Wert. Sie erinnern sich an den Chemieunterricht? Dieser Wert sagt uns nämlich, ob das Wasser sauer oder alkalisch ist. Viele Pflanzen mögen es am liebsten leicht sauer und bevorzugen einen pH-Wert zwischen 5,5 und 6,5. Leitungswasser ist hingegen im Allgemeinen leicht alkalisch. Hartes Wasser enthält außerdem viele Salze, die schnell den pH-Wert des Bodens erhöhen können. Was passiert? Mit einem Mal kriegt der Zögling gelbe Blätter und mag nicht mehr richtig wachsen. Die Pflanzen »hungern«, denn wenn der pH-Wert zu hoch ist, können nicht mehr genug Nährstoffe aus dem Boden aufgenommen werden. Es gibt Gärtner, die penibel den pH-Wert des Wassers messen und dem alkalischen Milieu mit einem Spritzer Essig im Gießwasser entgegenwirken.

Unten trinken, oben duschen!

Leichter Nieselregen, der die Blätter hin und wieder sanft befeuchtet, ohne die Wurzeln zu baden, ist für Grünpflanzen förderlich. Wer seine Pflänzchen also »glücklich« machen will, sollte sie gelegentlich liebevoll mit Wasser aus einer Sprayflasche einnebeln. Doch Achtung: In der Regel müssen Blätter trocken und der Boden feucht sein! Nur Sumpfpflanzen stehen gern mit den Wurzeln im Wasser. Für alle anderen Pflanzen ist die Erde idealerweise immer nur dort feucht, wo sich ihre feinen Haarwurzeln im Boden breitmachen. Und das ist weiter unten in der Tiefe. Einfach mal mit der Hand den Gießtest machen. Dazu durchwühle ich die Erde ein wenig, nehme einen Klumpen auf und backe den Boden zusammen. Fällt der Klumpen nicht sofort wieder auseinander, ist in der Regel noch genügend Feuchtigkeit in der Erde. Auch meinen Zeigefinger stecke ich regelmäßig in die Erde, um beim Gießtest in die Tiefe zu gehen. Ist es im Boden viel zu nass, droht den Haarwurzeln der Tod durch Ertrinken. Im schlimmsten Fall bedeutet das auch das Ende der Pflanze.

Man darf Pflanzen also auf keinen Fall ertränken! Und der Durst der grünen Wesen ist nicht immer gleich groß. Gemüse sind immer dann besonders durstig, wenn die Pflanze blüht oder Knollen und Wurzeln ansetzt. Die Bedürfnisse sind sehr unterschiedlich: Während Bohnen und Gurken gleich kräftig gegossen werden, wenn sie anfangen zu blühen, hat Spinat erst zwei Wochen vor der Ernte einen höheren Wasserbedarf. Möhren sind besonders durstig, wenn sie acht Wochen nach der Aussaat so dick wie Bleistifte sind, Erdbeeren brauchen schon vor dem Öffnen der Blüten mehr Wasser und Rosenkohl erst dann, wenn sich die Röschen bilden. Bei Kohl und Salat kommt der große Durst erst, wenn sich die Köpfe bilden. Gurken sind wahre Gießdiven: Sie reagieren auf kaltes Gießwasser sofort mit Bitterkeit (bei der Ernte hingegen mögen sie lieber kühles Wetter!). Auch Vollbäder nach langer Trockenheit nehmen die Sensibelchen übel. Sie strafen den Gärtner mit schlechtem Geschmack. Die ideale Methode, um Gurken und Melonen zu gießen, ist gar nicht besonders aufwendig. Man braucht einen Eimer und einen alten Lappen. Der Lappen wird wie ein Kerzendocht gedreht und dann mit einem Ende in den vollen Wassereimer gehängt. Das andere Ende des nassen Lappens wird um die Pflanze drapiert. So können sich die peniblen Trinker, fast wie wir mit dem Trinkhalm am Gin Tonic, selbst bedienen.

Bei Blumen ist das Trinkverhalten sehr unterschiedlich. Am besten fragt man im Fachhandel oder hält sich an die Gießanweisungen auf den kleinen Pflegeschildchen.

Pflanzenkinder hängen als Setzlinge besonders intensiv an der Flasche. Bei der Aussaat müssen sie in ein gründlich gegossenes Beet gebettet werden, sonst kommt es bei den Kleinen leicht zu Entwicklungsstörungen. Allerdings ersticken Keimlinge auch schnell in schlammigen Böden. Also: Vorsicht mit den Pflanzenkindern! Setzlinge brauchen eine intensive Gießbehandlung, denn alle müssen einzeln angegossen werden. Der bequeme Schlauch muss also im Schuppen bleiben. Jetzt heißt es Wasser schleppen. Man darf erst dann flächendeckend gießen, wenn die Pflanzen sich gegenseitig berühren. Schon gewusst: Einmal richtig gießen ist viel gesünder für den Pflanzenwuchs als viele kleine Wassergaben. Denn dann ist die Gefahr für Dauernässe groß und das mögen die grünen Schützlinge gar nicht. Eine gute Mulchschicht verhindert übrigens die Verdunstung von Wasser und behindert Unkraut beim Wachsen.

Aufgepasst! Beim Gießen kann man viele Fehler machen. Auch die Tageszeit ist wichtig. Morgens vor Sonnenaufgang ist der ideale Zeitpunkt, nachmittags vor Eintritt der Dunkelheit nur die zweitbeste Lösung, aber die Mittagshitze ist auf jeden Fall zu meiden, weil dann das meiste Wasser verdunstet. Außerdem verbrennt die Sonne nasse Blätter wesentlich leichter als trockene. Zieht eine Hitzewelle übers Land, sollte nie nach acht Uhr morgens und vor 18 Uhr abends gegossen werden. Auch Pflanzen sind »Gewohnheitstiere«: Sie freuen sich, wenn der Gärtner immer zur gleichen Zeit mit der Gießkanne kommt. Übrigens: Wer abends gießt, läuft Gefahr, leicht Schnecken anzulocken. Im Feuchtschutzfilm des nächtlichen

Taus können sich die gefräßigen Schnecken über den Salat und anderes Grünzeug hermachen. Gießt man jedoch morgens, müssen sich die Schnecken wegen Vertrocknungsgefahr, im wahrsten Sinne des Wortes, aus dem Staub machen.

Sommergarten

Die Vögel sprangen von den Winden auf den Garten
Und fielen auf die hellen Rasenbeete,
Betäubt vom Duft der blühenden Stakete
Am weißen Haus mit vierzehn Rosenarten.

Die gelben Steige, die den Rasen masern,
Kommst du in Weiß, berieselt von den Winden,
Und deine Augen, duften noch den Blinden –
Die warmen Blumen an den Nervenfasern.

Freude der Tropen wächst. Im blauen Raum
Zünden die Wolken, leuchtende Phantome.
Und du, in deines Blutes Aura und Arome,

Nimmst Sonne mit – in eine Liebesnacht.
Gleich goldnen Bienen hängt das Licht im Baum,
Das deinen Mund wie eine Frucht benagt.

Paul Boldt (1885–1921)

Hacken statt Gießen

Einmal Hacken erspart zweimal Gießen. Denn gelockerter Boden kann Feuchtigkeit besser aufnehmen und speichern. Ist die Erde zu sehr verdichtet, kann sie nur schlecht Feuchtigkeit speichern. Lockerer Boden bleibt im Sommer obendrein länger kühl und feucht. Dafür sorgen die »Luftpolster« zwischen den Krümeln. Auch Zersetzungsprozesse laufen in lockerer Erde besser ab. Am besten funktioniert die Bodenlockerung mit dem vierzackigen Krail, oder dort, wo zwischen Pflanzenreihen wenig Platz vorhanden ist, mit dem Sauzahn. Das ist ein Haken, der einer Minipflugschaufel gleicht und den Hauern der Wildschweine nachgebildet ist. Denn sicherlich nutzten die frühen Gärtner und Ackerbauern der Jungsteinzeit solche Naturwerkzeuge. Man kann tief genug in die Erde greifen und den Boden leicht lockern. Auch wenn es im Sommer eine schweißtreibende Arbeit ist: Hacken spart Wassergeld. (Gerade hier zeigt sich, wie wichtig es ist, eine Zisterne oder Fässer zum Auffangen von Regenwasser zu haben.)

Die Vorarbeit für guten Boden fängt übrigens im Winter an. Wenn im Spätherbst heftige Regengüsse die Erde malträtiert haben, am besten mit der Hacke den Boden zu Schollen aufhacken. Im November kann man die ersten milden Nachtfröste nutzen, die Erde für die nächste Pflanzsaison mürbe zu machen. Mit der Hacke die Oberfläche des Bodens bearbeiten und schon kann der Frost durch die vergrößerte Oberfläche tiefer in den Boden eindringen.

Perfekte Bodenlockerer sind natürlich Regenwürmer. Den Boden zu durchpflügen, ist ihre Lebensaufgabe. Wir laden die fleißigen Gartenhelfer regelmäßig zum Kaffee ein. Sie lieben Kaffeesatz, wenn er hin und wieder locker in den Boden eingehackt oder auf den Kompost gestreut wird. Dann verrichten sie ihre Wurmarbeit wesentlich engagierter – und wir können die Gießkanne etwas länger stehen lassen. Oft habe ich mich gefragt, was die Regenwürmer animiert hat, bevor der Kaffee nach Europa und der erste Kaffeesatz in den Boden gelangte.

VITAMINE UND FITNESS AUS DEM BIOGEMÜSEGARTEN

Pflanzenart	besonders hohe Inhaltsstoffe	Wirkung/Eigenschaften
Chinakohl		appetitanregend, Darmträgheit bekämpfend, bei Erkrankung der Atemwege
Endivie	Eisen, Mangan, Vitamin B_2	blutreinigend, appetitanregend
Erbse	Eiweiß, Vitamin B_1	gegen Blutarmut
Feldsalat	Kalium	gegen Hautkrankheiten, entschlackend
Gurke		entwässernd, harnsäurelösend, bei Diabetes, Magen-, Gallen- und Gefäßleiden
Knoblauch	Eiweiß, Eisen, Vitamin B_1	stärkt Nerven und Verdauung, gegen Bluthochdruck, kreislaufstabilisierend
Fenchel (Knolle)	Eiweiß, Eisen, Kalium, Vitamin A, B_1, B_2, C	gegen Verdauungsstörungen
Karotten	Vitamin A, Kalium, Calcium	gegen Gicht, Verdauungsstörungen, Leber- und Gallenerkrankungen
Kohlrabi	Calcium, Vitamin C	darmanregend und -desinfizierend, gut geeignet für Diabetiker
Kopfsalat		am Abend schlaffördernd
Kresse	Eiweiß, Kalium, Calcium, Eisen, Vitamin A, B_1, B_2	entschlackend, bei Blutarmut, Bronchitis, Hauterkrankungen
Lauch	Calcium	gegen Verdauungsstörungen, Leberleiden, Nierenleiden, bei Rheuma
Mangold	Eiweiß, Eisen, Calcium, Kalium, Vitamin A (dreimal so viel wie Karotten!) Vitamin B_1, B_2, C	bei Stoffwechselstörungen, Hauterkrankungen
Petersilie	Eisen, Kalium, Calcium, Eiweiß, Vitamin A, B_1, B_2, C	appetitanregend, harntreibend, gilt als antiseptisch für Blut und Darm
Radieschen	Eisen, Vitamin C, Magnesium, Schwefel	bei Atemwegserkrankungen, Diabetes, Bronchitis

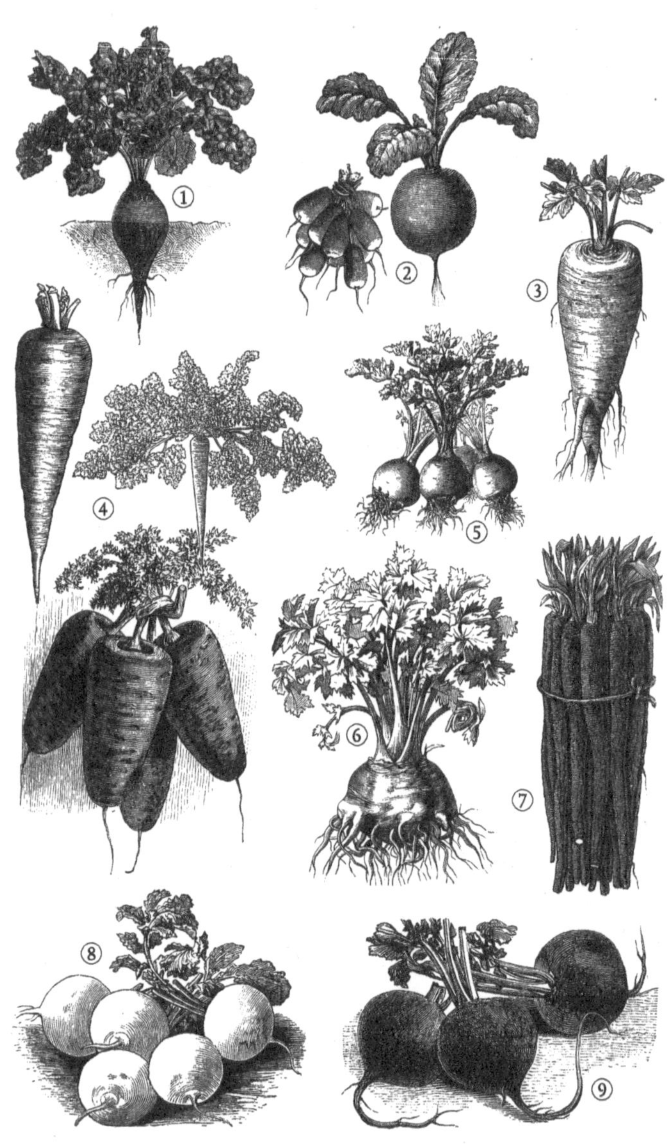

Wurzelgemüse – schon früher sehr beliebt: ① Salatrübe ② Radieschen ③ Pastinak ④ Karotten ⑤ Apfelsellerie ⑥ Knollensellerie ⑦ Schwarzwurzel ⑧ Weißer Rettich ⑨ Schwarzer Winterrettich

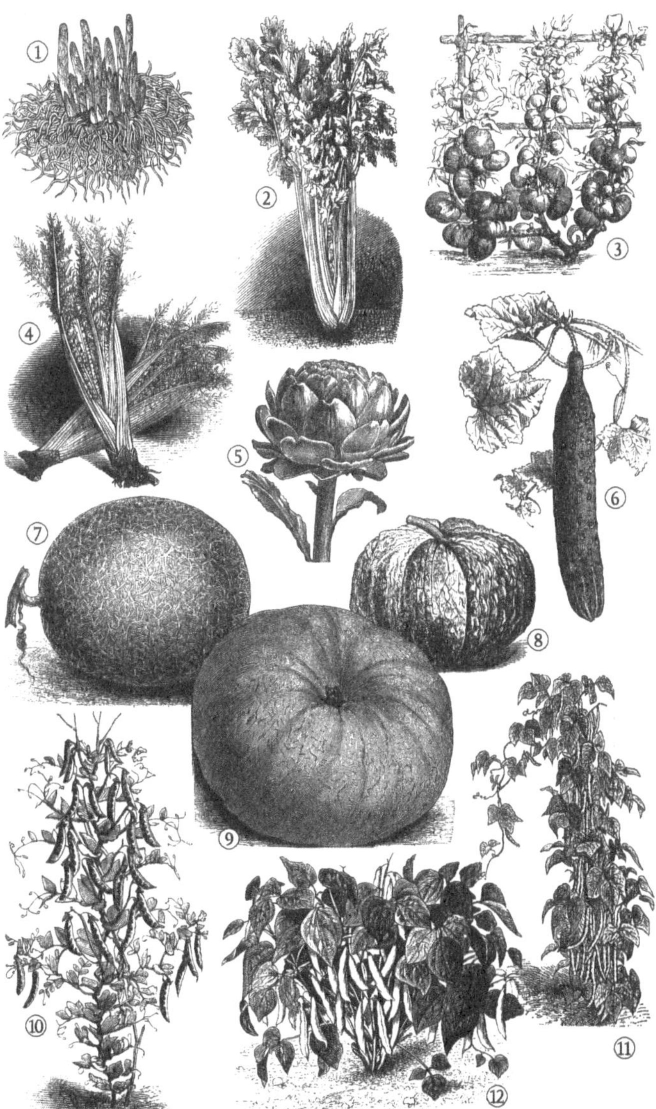

Knollen, Sprossen, Schoten, Beeren und anderes Gemüse aus alter Zeit:
① Spargel ② Bleichsellerie ③ Tomate ④ Kardy ⑤ Artischocke ⑥ Schlangengurke ⑦ Netzmelone ⑧ Cantaloupe ⑨ Kürbis ⑩ Markerbse ⑪ Stangenbohne ⑫ Buschbohne

Pflanzenart	besonders hohe Inhaltsstoffe	Wirkung/Eigenschaften
Rettich	Magnesium, Schwefel, Vitamin C	bei Blasenerkrankung und Diabetes
Rosenkohl	Eisen, Eiweiß, Kalium, Vitamin B_1, B_2, C	Förderung der Magen- und Darmtätigkeit. Bei Appetitlosigkeit, körperlicher Schwäche, Atemwegserkrankungen
Rote Bete		gegen Nervosität
Rotkohl	Vitamin C	desinfiziert Verdauungswege
Schnitt-lauch	Eiweiß, Eisen, Kalium, Calcium, Vitamin B_1, B_2, C	bei Grippe, Rheuma, Heiserkeit, Bronchitis, Wassersucht
Sellerie	Calcium, Vitamin B_1, B_2	appetitanregend, bei Rheuma, Nieren- und Blasenerkrankung
Spinat	Eiweiß, Kalium, Calcium, Eisen, Vitamin B_2, B_{12}, C	regt Bildung roter Blutkörperchen an
Tomate	Vitamin K, B-Gruppe	fördert gesunde Haut
Weißkohl	Calcium, Vitamin C	Desinfektion der Verdauungswege, anregend bei Darmträgheit
Wirsing	Eiweiß, Vitamin C	gegen Schuppenbildung, Milchschorf
Zucchini	Kalium, Vitamin A	harntreibendes Mittel
Zwiebel	Schwefel	verdauungs- und schlaffördernd, bei Heiserkeit und Bronchitis

MINILÖWE IN DER MINISTEPPE

Es ist immer derselbe Kampf: Meine Frau will den schmalen Streifen entlang der durch den großen Dachvorsprung regengeschützten Hauswand am liebsten mit Platten auslegen. »Jetzt habe ich schon zigmal Gras gesät und gegossen, aber es ist einfach zu trocken, um die kahlen Stellen grün werden zu lassen«, sagte sie oft. Irgendwelche schönen Platten oder Pflastersteine werde man schon finden, um die fein zerbröselten, ja schon sandig, staubig wirkenden Streifen sauber aussehen zu lassen. Stets habe ich mich geweigert, die für mich wie eine Steppe im Kleinformat wirkende Fläche zu versiegeln oder mich erneut an sinnlosen Begrünungsmaßnahmen zu beteiligen. Aber eines Tages war es so weit. Schon wollte meine Frau wieder mal eine jener für mich nutzlosen Grundsatzdebatten beginnen, als ich meine Begründung für das Recht auf Kahlstellen untermauern konnte. Im feinen Erdsubstrat waren regelmäßige, zwei Zentimeter breite Vertiefungen zu finden. Bei genauer Betrachtung zeigte sich, dass sich die Vertiefungen nach unten verjüngen und wie richtige Trichter aussehen. Mit viel Geduld und einer guten Lupe konnte ich am Grund des kleinen Trichters zwei kleine krumme Stäbchen erkennen. Schauen Sie mal im Mai oder Juni in Ihrem eigenen Garten oder entlang von trockenen Mauern, an Scheunen oder auch unter Brücken nach, wo kein Regen hinkommt. Mit einem dünnen Zweigchen oder einem Streichholz sind die kleinen Trichter leicht zu untersuchen. Entdecken Sie zwei dünne Minisäbel, dann handelt es sich um die geöffneten Fangkiefer des Ameisenlöwen. Der Rest des nur knapp einen Zentimeter großen Tieres ist im lockeren Substrat eingegraben. Dort lauert der Ameisenlöwe perfekt getarnt auf Beute. Wenn kleine Insekten – vor allem Ameisen – an den Rand des Trichters kommen, rutschen sie in die Falle. Dort werden sie von den gezähnten Saugzangen des Ameisenlöwen ergriffen. Nachdem er das Opfer mit einem Biss gelähmt hat, saugt er die Beute aus. Wollen die überlisteten Ameisen wieder aus dem Trichter klettern, bevor der Wegelagerer zuschlagen konnte, schleudert der Ameisenlöwe gezielt Sandkörnchen auf sein Opfer, die es wieder in den Fangtrichter reißen. Damit er von kräftigeren Insekten, die versehentlich in den Trichter fallen, nicht herausgezogen wird, verankert sich der Ameisenlöwe fest im Boden und versucht sich dann noch tiefer einzugraben, um so die unerwartet große Beute festhalten zu können.

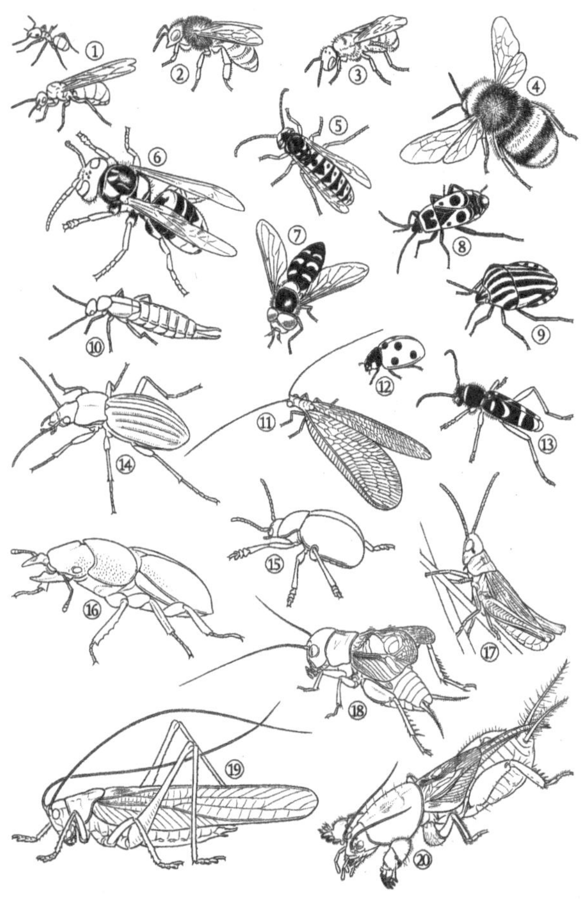

Was fliegt, summt und brummt, hüpft und krabbelt im Garten – skurrile Insektenwelt: ① Wiesenameise (Arbeiterin, Königin) ② Honigbiene ③ Furchenbiene (Wildbiene) ④ Erdhummel ⑤ Deutsche Wespe (Faltenwespe) ⑥ Hornisse ⑦ Schwebfliege ⑧ Feuerwanze ⑨ Streifenwanze ⑩ Ohrwurm ⑪ Florfliege ⑫ Marienkäfer (Siebenpunkt) ⑬ Bockkäfer (Widderbock) ⑭ Goldlaufkäfer ⑮ Blattkäfer (Tatzenkäfer) ⑯ Balkenschröter ⑰ Grashüpfer ⑱ Feldgrille ⑲ Heupferd ⑳ Maulwurfsgrille

Der Trichter wird stets sauber gehalten, indem der Ameisenlöwe die Reste der ausgesaugten Beutetiere mit den Zangen hinauswirft. Diese Zangen dienen dem Ameisenlöwen auch als Wurfschaufel für den nachrutschenden Sand. Ameisenlöwen sind keine »fertigen« Tiere, sondern Larven, die sich oft erst nach drei Jahren verpuppen. Aus der Puppe schlüpft dann ein Insekt, das man leicht für eine Libelle halten könnte; man nennt es jetzt Ameisenjungfer. Auch die Ameisenjungfern leben räuberisch und fangen kleine Insekten. Man sieht sie jedoch recht selten, weil sie vorwiegend in der Dämmerung aktiv sind und sich tagsüber regungslos in niedrigem Gebüsch versteckt halten.

»Hochinteressant«, meinte meine Frau, um gleich anzufügen: »Aber schön sieht der Trockenstreifen trotzdem nicht aus.« Wie auch immer; ich werde die Ministeppe des kleinen Löwen, der eigentlich ein Insekt ist, verteidigen. Wie der Ameisenlöwe und seine Artgenossen ihre Fangtrichter.

LEBEN AM SEIDENEN FADEN

Im Juni bietet der frühe Sommermorgen wieder mal Tau und erste Sonnenstrahlen. Nirgendwo jedoch – so meine ich – ist beides so schmückend vereint wie auf einem Spinnennetz. Die Sonne erscheint dann in Hunderten von kleinen und kleinsten Tautropfen. Würde man das Netz auflösen und die einzelnen Fäden an einem Stück hintereinanderhängen, so ergäbe dies etwa bei den häufig vorkommenden Kreuzspinnen eine Fadenlänge von immerhin 18 Metern. In etwa 45 Minuten fertigt die Kreuzspinne so ein Meisterwerk an. Beobachten Sie doch einmal den Netzbau im Detail. Keine Lust? Gut, dann erzähle ich eben, was ich beobachtet habe.

In der Dämmerung hat die Vierfleck-Radnetz-Spinne an den äußeren Zweigen des Brombeerstrauches einen Faden dem Wind überlassen. Er treibt bis zum Hauptast, wo er hängen bleibt. Mit drei weiteren ähnlichen Fäden hat die Spinne schon den Netzrahmen gespannt. Nach einigen versteifenden Querfäden fügt sie 39 Radien und 35 Spiralwindungen ein. Es hört sich einfach an, doch der Teufel steckt im Detail: 1225 Mal muss dieser Spiralfaden an den Radien befestigt werden. Was die Spinnenspulen ausspucken, ist eigentlich kaum der Rede wert und doch fantastisch. Die Spinnenseide hat eine Stärke von nur 0,00002 Millimeter und ist damit noch weit dünner als ein Haar. Manchmal legt die Spinne am Schluss noch einen Signalfaden vom Netz zu ihrem Versteck an. Damit ist das Spinnennetz – so formulierte es mal Horst Stern – die einzige Alarmanlage der Welt, die Einbrecher nicht nur meldet, sondern sie zugleich verhaftet.

Sobald sich eine Beute in der Anlage verfängt, eilt die Spinne herbei und spinnt das Opfer ein. Der kleine Giftbiss, der für uns Menschen unschädlich ist, bereitet dem Überfall ein Ende. Danach befeuchtet die Spinne ihre Beute mit Speichel. Dadurch verflüssigt sich das Opfer – etwa eine Fliege – zu einem Brei, den die Spinne aufsaugt. Was den Achtbeinern so auf den Leim geht, ist beachtlich. Auf einem Hektar Waldboden, so wurde einmal ermittelt, verzehrt eine halbe Million Spinnen den Sommer über zwei Zentner Insekten. Das Leben auf den Fäden ist so interessant, dass die Spinnentiere ein ganz anderes Image verdient hätten.

Nehmen wir den eigentlichen Faden wieder auf: Welche Tierart paart sich schon frei hängend in der Luft? Der Spinnenmann darf bei seiner Werbung auf keinen Fall eine Fliege vergessen. Mit diesem kleinen Geschenk versucht er, sein Leben zu retten. Das um einiges größere Spinnenweibchen wird sonst ihn verspeisen. Nach der Paarung gilt es für ihn deshalb, gleich Reißaus zu nehmen. Sie sind sich eben spinnefeind.

DAS BIOGARTENREZEPT DES MONATS JUNI

Rosenblütenbowle

Ja, das schmeckt wirklich! Und nur wer seinen Garten nach biologischen Kriterien pflegt und keine chemischen Mittel anwendet, kann unbesorgt eine solche Rosenblütenbowle herstellen.

Für rund 10 Personen benötigt man folgende Zutaten:

- *ca. 300 g duftende Rosenblüten*
- *150 g Zucker*
- *den Saft von 2 Zitronen*
- *10 ml Grand Marnier*
- *1 l trockenen Weißwein (besonders eignen sich hier Grauburgunder, Weißburgunder oder Riesling)*
- *1 Flasche trockenen Winzersekt oder Champagner*

Und so wird's gemacht:

Blütenblätter abzupfen, gegebenenfalls waschen und mit Zucker bestreuen. Dann mit dem Zitronensaft und dem Grand Marnier beträufeln. Das Gemisch abdecken und ca. eine Stunde an einem kühlen Ort ziehen lassen. Anschließend den Weißwein darübergießen und nochmals etwa eineinhalb Stunden an kühlem Ort ziehen lassen. Anschließend das Ganze abseihen und vor dem Servieren die Gläser etwa zur Hälfte füllen. Dann mit eisgekühltem trockenem Winzersekt oder Champagner auffüllen. Salute!

Juli

Der Sommer steuert auf seinen Höhepunkt zu; die Natur schöpft noch einmal aus dem Vollen. Aufregung herrscht allüberall, denn viele Vogelarten haben ein zweites Mal gebrütet; nicht nur in den Gärten, sondern auch in Feld, Wald und Flur sind jetzt unerfahrene Tierkinder mit ihren Eltern unterwegs. Jetzt ist Erntehochzeit! Zucchini, Gurken, Bohnen, Tomaten und andere leckere Gartenfrüchte verwöhnen den Gaumen. Sommerzeit ist auch Einmachzeit. Auf diese Weise lassen sich die Früchte des Biogartens bis in den Herbst und Winter hinein aufbewahren. Noch immer verleihen Thymian, Rosmarin, Salbei und andere Kräuter dem Garten ein mediterranes Duftambiente. Diesmal dürfen wir aber nicht vergessen, rechtzeitig Kräuter zu trocknen. Stachelbeeren, die ersten Mirabellen, die ersten Frühäpfel, das alles ist der satte Julisommer.

DIE BLUME DES MONATS: WENN DER BLAUWAL BLÜHT

Sie heißen »Sommernachtstraum«, »Capri« und »Blauwal«. Es gibt viele wunderschöne Sorten des Rittersporn (*Delphinium*). Die Blüten sind hellblau wie der Sommerhimmel im Juli, weiß wie ein Hochzeitskleid oder sie blühen fröhlich in Pink. Die Blütenpyramiden stehen aufrecht auf den Stängeln und werden leicht über einen Meter hoch. Wenn der Rittersporn blüht, ist endlich Sommer. Die gefüllten Spornblüten garantieren eine pralle Pracht, mit der man in jedem Garten Akzente setzen kann. Wichtig ist, dass sie möglichst frei stehen. Doch ein Ritter kommt selten allein: Die mächtige Pflanze steht gern in Gruppen. »In der Vase halten sie sich nicht lange«, bedauert meine Frau. Deshalb lässt sie den Rittersporn im Garten stehen. Übrigens: Haben Sie schon mal den wilden Verwandten des Rittersporn gesehen? Der Feldrittersporn ist wesentlich kleiner und etwas unscheinbarer; leuchtet jedoch in faszinierendem Himmelblau. In der Feldflur einst eine Allerweltspflanze, wird er wegen der intensiven Landwirtschaft immer seltener.

DER GARTENHELFER NUMMER EINS: DER KOMPOST (UND WIE MAN IHN »KOCHT«)

Kompost ist viel, viel mehr als ein vor sich hinfaulender Haufen Abfall im Garten. Kompost »kochen« ist eine Kunst. Die gute »Kompostküche« unterscheidet sich von der schlechten wie ein gut geführtes Gourmetrestaurant von einer verdreckten Imbissbude. Und faulen soll das Ausgangsmaterial für den Kompost schon gar nicht. Sondern verrotten.

Was »kocht« der Gärtner auf dem Komposthaufen eigentlich, was steht am Ende der komplizierten Prozedur aus Verrotten und Vergehen? Um es auf den Punkt zu bringen: Kompost ist natürlicher Dünger, ein Quell der Wellness für den Gartenboden. Denn richtig angesetzt, stecken in diesem Humus all die Nährstoffe, die unsere Pflanzen wachsen und gedeihen lassen. Übrigens »Humus« kommt aus dem Lateinischen und heißt nichts weiter als »Boden«. Richtig angewandt, lockert der im Kompost entstehende Humus den Boden, erhöht die Fähigkeit, Wasser zu speichern, und sorgt wie eine Klimaanlage für die gute Belüftung des Bodens.

Wer Kompost kocht, spart Geld und hilft obendrein der Umwelt. Denn mit Kompost kann man auf industriellen Dünger leicht verzichten. Und wenn man sich mal vor Augen führt, dass ein Erwachsener im Jahr zwischen 50 bis 100 Kilogramm kompostierbare Abfälle produziert, wird deutlich, was die private Kompostierung den öffentlichen Deponien an Müll erspart. Etwa 200 Liter Bioabfälle produzieren gut 100 Liter feinsten Kompost. So kann man seinen privaten Müllberg erheblich reduzieren – und das obendrein sinnvoll.

Auf dem Komposthaufen spielt sich quasi in Miniatur genau das ab, was auch draußen im Waldboden geschieht: Viele Milliarden Bodenexperten wie Bakterien und Pilze, Würmer und Insekten, Asseln, Larven und Tausendfüßer zerkleinern und fressen alles, was Sie und Mutter Natur aufgetischt haben: Rinde und Kräuter, Zweige und Laub. Am Ende ihres »Verdauungsprozesses« kommt krümelige schwarzbraune Erde heraus. Ich weiß nicht, wer all diese Tierchen gezählt hat. Aber in einer Handvoll Gartenerde sollen sich über vier Milliarden Lebewesen befinden (siehe auch Seite 58f.). Und all diese Tierchen wollen auf dem Komposthaufen artgerecht gefüttert werden. Ein guter Gärtner serviert seinen vielen Gästen eine Fülle von Leckereien und wird später dafür mit fruchtbarem Humus entlohnt.

Rezept für guten Kompost

- zerkleinerter Baum- und Strauchschnitt
- was von der Ernte im Gemüse- und Blumenbeet übrig blieb
- Fallobst
- Holzasche und Asche von Holzkohle
- Heu und die Exkremente von Haustieren, die kein Fleisch fressen (Stallkaninchen, Meerschweinchen)
- Kaffee- und Teesatz, auch mit Filterpapier, jedoch ohne farbig bedruckte Teebeutelanhängerchen
- Laub und Rasenschnitt (zwei Tage liegen lassen)
- ungekochtes Obst und Gemüse, Schälreste
- Wildkräuter

Eines möge jedoch noch einmal betont werden: Der Komposthaufen ist keine Minimüllkippe für den Garten! Bestimmte Abfälle gehören nie und nimmer auf den Kompost. Es sei denn, Sie wollen Ratten und andere Nager zum Festmahl in den Garten laden. Mit Knochen, Fleisch und Fisch bitten Sie die Schädlinge zu Tisch. Auch kompostierbare Küchenabfälle am besten immer mit Erde bestreuen. Das hält Fliegen fern.

Auch kranke Pflanzen – Schnittholz mit Obstbaumkrebs, Kohlstrünke mit Kohlhernie, Adernschwärze und Welkekrankheiten, die durch Pilze und Bakterien hervorgerufen werden – haben auf dem Kompost nichts zu suchen, denn der Humus soll hinterher ja schließlich hygienisch sein. Kranke Pflanzen am besten in der Biomülltonne entsorgen. Pflanzen mit Mehltau und Krautfäule sowie schorfiges Obst nur bedingt kompostieren. Lassen Sie Vorsicht walten! Sie wollen am Ende ja schließlich »gesunde«, gute Erde haben. Nicht alle Krankheiten werden durch den Verrottungsprozess zerstört. Beim Schichten erhitzen sich frische Grünabfälle am Anfang zwar bis auf 60 Grad und töten in dieser Phase allerlei Wildkrautsamen, Krankheitserreger und Viren ab, aber nicht alle Erreger fallen diesem Prozess zum Opfer. Wachsen allerdings kleine Hutpilze auf dem Kompost, ist nichts zu befürchten. Sie sind auf die Holzreste im Haufen zurückzuführen und harmlos.

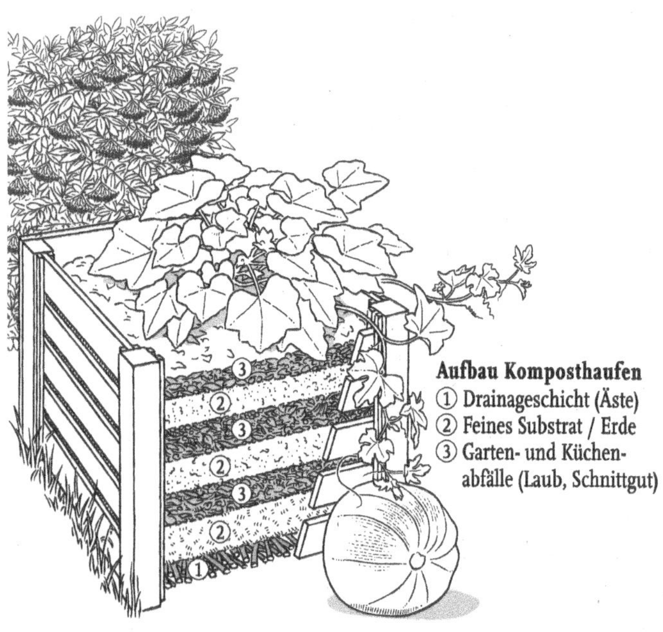

Aufbau Komposthaufen
① Drainageschicht (Äste)
② Feines Substrat / Erde
③ Garten- und Küchenabfälle (Laub, Schnittgut)

Auf dem Komposthaufen streng verboten

- alle alten Öle
- bunt bedruckte Blätter wie Magazine und Prospekte
- alle Chemikalien
- Alufolie, Plastiktüten und Zellophan
- Fleischreste, Fischabfälle und Knochen
- Katzenstreu
- Kadaver
- alle Kunststoffe
- Tetra- und ähnliche Verpackungen, Milch- und Fruchtsafttüten
- Metall und Glas
- alle gekochten, gesalzenen und suppigen Speisereste
- Asche aus dem Kohleofen
- Windeln und Textilien
- chemisch behandelte Schalen von Zitrusfrüchten und Bananen
- Essig
- altes Brot

Nicht ideal, aber in geringen Mengen möglich

- Eierkartons und zerkleinerte Eierschalen
- Zeitungen
- schwer zersetzbares Laub von Eiche, Kastanie, Pappel, Platane und Walnuss (nur gut zerkleinert verwenden)

Das richtige Werkzeug

Vieles, was für die Arbeit am Komposthaufen zum Einsatz kommt, steht ohnehin im Geräteschuppen. Man braucht eine Axt, um dickere Äste und Zweige zu zerkleinern. Eine Häckselmaschine (Gartenschredder) lohnt nur, wenn der Garten groß und die Menge der Zweige nicht anders zu bewältigen ist. Natürlich ist eine gute Gartenschere unentbehrlich. Mit dem Krail lässt sich Kompost leicht lockern, mit dem Spaten umsetzen und entnehmen. Ein Belüftungsstab für die Sauerstoffzufuhr im Kompostsilo verhindert, dass Fäulnis entstehen kann. Kompost braucht zwar Feuchtigkeit, aber Nässe, die durch Luftmangel entsteht, ist ein großes Problem. Ein Schüttelsieb zum Absieben ist ebenfalls nötig. Der fertige Kompost rieselt durch das Sieb und kann anschließend ausgebracht werden, die Reste können wieder für den nächsten Rottevorgang auf den Kompost zurückwandern. Man kann natürlich auch ungesiebten Kompost verwenden.

Deckel drauf

Richtiges Kompostkochen fängt in der eigenen Küche an. In Baumärkten und Gartencentern gibt es spezielle Küchenbehälter für alle Abfälle, die später draußen zerkleinert auf den großen Haufen kommen. Sie fassen bis zu zehn Liter Inhalt und werden mit einem Deckel verschlossen. Um die Feuchtigkeit der Küchenabfälle aufzufangen, legt man den Boden am besten mit Zeitungspapier aus. Wenn es nicht farbig bedruckt ist, kann es ruhig mit auf den Kompost gelangen. Einmal pro Woche kommt der Inhalt dann draußen auf den Haufen.

Im Garten müssen Sie sich entscheiden, ob der Kompost wie

ein Cabrio oben offen sein soll oder Sie einen geschlossenen Komposter bevorzugen. Geschlossene Kompostsilos sind aus Holz gezimmert, aus Kunststoff oder Blech. Sie brauchen weniger Platz und sind eher für kleine Gärten geeignet. Achtung bei Kompostern aus Holz: Sie dürfen nicht mit Holzschutzmitteln (auch nicht mit Hochdruckimprägnierung) veredelt sein. Über den Naturkreislauf, in jedem Fall über die Komposterde, kommt nämlich alles wieder zu uns zurück. Damit Gartenhelfer wie Regenwürmer unten durch den »Keller« freien Zugang in die Kiste haben, sind bei Schnellkompostern die Bodenplatten durchlöchert. Es gibt sogar Luxusausgaben mit eingebauter Wärmeisolierung für den Winter. Das hilft den fleißigen Gartenorganismen das ganze Jahr hindurch, für den Gärtner tätig zu sein. Gegen nervige Nager und Schädlinge wie Ratten gibt es nagersichere Komposter im Fachhandel.

Lattenkonstruktionen mit Lamellen an den Seitenwänden gehören zu den Klassikern. Übrigens: Wer auf dem Balkon nur ein bisschen Kompost für den Hausgebrauch herstellen will, kann sich eine Wurmkiste kaufen. Die emsigen Kompostwürmer gibt es im Handel gleich dazu. Sie futtern brav Küchenabfälle und machen dabei perfekten Kompost. Im Winter müssen sie allerdings vor Frost und Kälte gut geschützt werden. Wer genügend Platz hat, ist mit einem einfachen Komposthaufen bestens bedient. Und auch Vögel wie Amseln haben die Gelegenheit, im Kompost zu scharren. Der Komposthaufen sollte schattig und windgeschützt auf offenem Boden stehen. Offene Haufen am besten mit einer dünnen Schicht Erde, getrocknetem Grasschnitt oder Stroh abdecken. Es gibt im Fachhandel auch sogenannte Kompostvliese, doch auch einfache Jutesäcke erfüllen den Zweck. Letzteres ist jedoch absolut verzichtbarer Luxus.

Schicht-Arbeit für guten Boden

Der Komposthaufen sollte in der Regel niemals auf »geschlossenen« Böden wie Beton und Steinplatten stehen. Die Bodenorganismen brauchen freien Zugang zur »Futterstelle«.

Beim Bau eines Komposthaufens ist die Basisarbeit wichtig! Dort, wo der Komposthaufen entstehen soll – quasi im Kellergeschoss –, am besten eine zehn Zentimeter hohe Schicht aus Reisig oder Holzhäckseln, Strauch- oder Baumschnitt ausbringen. Dann kann sich auf dem Boden kein Stauwasser sammeln. Nicht nur die Wurzeln von Pflanzen, auch Kompost reagiert empfindlich auf »nasse Füße«. Außerdem hilft die Schicht bei der Belüftung des Komposthaufens. Dann wird geschichtet: Zunächst einige Eimer frische Gartenerde oder Kompost als Starthilfe in Höhe von etwa 20 bis 30 Zentimetern einstreuen. Dann eine Lage gemischte organische Abfälle, darauf eine dünne Schicht halb fertiger Kompost, Gartenerde oder Gesteinsmehl, dann wieder eine Schicht Abfälle einstreuen. Wo so etwas noch zu haben ist, hin und wieder etwas Stallmist einstreuen. Da es immer weniger Bauern gibt, wird es immer schwieriger, an Stallmist zu gelangen, aber Hornspäne oder Rizinusschrot tun's auch. Doch die Betonung liegt auf »etwas« – damit darf keinesfalls überdüngt werden!

Eigentlich ist das Prinzip ganz einfach: Man mische Trockenes mit Feuchtem, Grobes mit Feinem, Altes mit Frischem, Grünes mit Braunem und Küchenabfall mit Gartenabfall. Bei der Mischung geht es in erster Linie darum, ein ideales Kohlenstoff-Stickstoff-Verhältnis für die Organismen zu schaffen. Abfälle wie Gras, Mist, Brennnesseln und Küchenabfälle sorgen für ausreichenden Stickstoff; Laub, Rinden, Stroh und Sägemehl hingegen sind perfekte Kohlenstofflieferanten.

Es ist gut, wenn das Ausgangsmaterial recht vielfältig gewählt ist, denn dann ist später auch das Nährstoffangebot ausgewogen. Ist der Garten vielfältig gestaltet, gibt es ganz automatisch das ganze Jahr über auch die richtigen Zutaten für den Kompost. Zweige vom Baumschnitt im Winter für die unterste Schicht, später nicht verrottetes, altes Laub von der frei wachsenden Hecke, danach die ersten Stängel abgeschnittener Blumen, die großen Blätter des Rhabarbers und so weiter. So verwandelt sich Bioabfall in wertvollen Biokompost. Generell gilt: Neu Eingefülltes muss immer gut durchmischt werden. Jede Schicht sollte maximal 20 bis 30 Zentimeter hoch sein. Dicke Schichten aus gleichem Ausgangsmaterial (wie z.B. Grasschnitt) vermeiden, denn sonst sammelt sich leicht zu viel Feuchtigkeit an. Im Laufe der warmen Jahreszeit muss der Haufen mehrmals umgeschichtet und bei Trockenheit gegossen werden.

Feucht wie ein Schwamm

Ist Kompost wesentlich feuchter als der Schwamm in Ihrem Badezimmer, fängt er schnell an, unangenehm zu riechen (wie auch der Schwamm, der nicht gut ausgewrungen wurde). Manchmal hilft es, wenn man ein wenig Stroh oder Heu zumischt. Auch Laub, Hecken- und Baumschnitt helfen, wenn die Feuchtigkeit überhand nimmt. Beim Schichten muss man schon darauf achten, dass nicht zu viele nasse Abfälle eingearbeitet werden. Im schlimmsten Fall bildet sich eine grünlich schwarze Schicht, und übel riechendes

Sickerwasser tritt aus. Bei Fäulnis hilft nur eins: lockern, lüften und trockenes Material einarbeiten.

Doch Kompost kann auch leicht zu trocken werden. Dann bildet sich rasch ein grauweißer Pilzbelag, oder die Ameisen kommen. Vielleicht haben Sie zu viel holziges Material eingearbeitet, vielleicht zu wenig frische, feuchte Abfälle hinzugefügt? Manchmal – vor allem in trockenen Sommern – hilft es schon, den Komposthaufen ab und an zu gießen. Meist verschwinden dann auch die Ameisen wieder. Auf jeden Fall sollten Sie den Komposthaufen vor direkter Sonneneinstrahlung schützen und ihn deshalb eher an einem Platz mit überwiegender oder ganzer Beschattung anlegen.

Wann legt man einen Komposthaufen an?

Ich fange im August an. Im Stierkreiszeichen des Löwen ist der Boden am wärmsten. Gleichzeitig legt sich morgens schon Tau nieder und bringt die nötige Feuchtigkeit. Bald fällt langsam rottendes Laub an. Dann nehme ich den letzten Rasenschnitt, die abgeernteten Gemüse- und Blumenstauden, mische alten Kompost und Häcksel hinzu, gebe Gemüse- und Obstabfälle dazu und starte meinen neuen Kompost. Ist alles zu trocken, wird gegossen. Dann decke ich den Haufen mit Erde ab. Im Frühjahr setze ich alles um und pünktlich zu Beginn des nächsten Sommers ist der Kompost fertig. Im Winter arbeiten die fleißigen Kompostorganismen wesentlich langsamer. Aber sie müssen frostfrei wohnen, sonst stellen sie ihre Arbeit ganz ein. Im Frühjahr kann ich dann mit dem Sieb den ersten Kompost »ernten«. Er ist perfekt für die Aussaat und die Vorbereitung der Beete.

Frühling, Sommer, Herbst oder Winter?

Nach etwas sechs Monaten ist der Kompost fertig. Doch wann ist die richtige Zeit, um ihn im Garten auszubringen? Der Gärtner unterscheidet zwischen Frischkompost und Reifekompost. Während der »frische« schon nach ein bis drei Monaten reif für den Garten ist, ist der »reife« erst nach sechs bis zwölf Monaten fertig.

Frischkompost: Dieser junge Kompost hat eine bräunliche Farbe. Man findet in ihm noch erkennbare Bestandteile. Er enthält organische Säuren und ist deshalb als Saaterde oder für empfindliche Jungpflanzen denkbar ungeeignet. Außerdem schädigt Frischkompost die Wurzeln. Man darf ihn deshalb nur oberflächlich anwenden. Zwei Zentimeter flach eingehackt, ist er für Gemüse erst nach dem Wachstum einsetzbar und im Herbst für Obstbäume und -sträucher sowie Ziergehölze bestens geeignet. Übrigens: Kompost sollte nie eingegraben werden. Er braucht Sauerstoff. Also möglichst oberflächlich ausbringen.

Reifekompost: Er ist fast schwarz und besteht wie schöner, satter Waldboden aus feinen Krümeln. Außerdem riecht Reifekompost auch wie Waldboden. Er wirkt wie eine Verjüngungskur für jeden Gartenboden, macht die Pflanzen widerstandsfähiger, düngt schonend und hält lange vor. Dieser Kompost ist für Topfpflanzen genauso gut geeignet wie für die Anzucht von jungen Pflänzchen und Blumenbeete, Gemüse und Rasenflächen schätzen die Düngungen mit Reifekompost. Für den Rasen ist eine breitflächige Ausstreuung im frühen Frühjahr zu empfehlen. Die Blumenwiese dagegen wird umso schöner, je mehr Nährstoffe entzogen werden. Wer ein blumenbuntes Wiesenstück will, sollte dieses nicht düngen. Auch nicht mit Kompost. Reiferen Kompost kann man zu jeder Jahreszeit ausbringen, der Boden sollte allerdings nicht gefroren sein. Außerdem den Kompost nie eingraben, aber immer leicht in den Boden einarbeiten. Selbst für das Pflanzen von Obstbäumen ist Reifekompost perfekt geeignet. Einfach zwei Schaufeln mit der ausgehobenen Gartenerde mischen und in das Pflanzloch geben. Die Bäumchen danken es Ihnen.

Wenn im Sommer der rote Mohn
wieder glüht im gelben Korn,
wenn des Finken süßer Ton
wieder lockt im Hagedorn,
wenn es wieder weit und breit
feierklar und fruchtstill ist,
dann erfüllt sich uns die Zeit,
die mit vollen Maßen misst.

Dann verebbt, was uns bedroht,
dann verweht, was uns bedrückt,
über dem Schlangenkopf der Not
ist das Sonnenschwert gezückt.
Glaube nur, es wird geschehn!
Wende nicht den Blick zurück!
Wenn die Sommerwinde wehn,
werden wir in Rosen gehn,
und die Sonne lacht uns Glück!

Otto Bierbaum (1865–1910)

KOLIBRI IM GARTEN

Plötzlich sind sie da. Sie sehen aus wie kleine Kolibris, »stehen« wie kleine Hubschrauber vor Blüten, wo sie mit den langen, einrollbaren Rüsseln Nektar saugen. Der Flügelschlag ist so schnell, dass er nicht mal sichtbar ist. Ab Juni/Juli könnten wir Glück haben und unter dem Hin und Her von Insekten auch das Taubenschwänzchen beobachten. Diese Schmetterlingsart fliegt mit einer Geschwindigkeit von 50 Stundenkilometern aus dem Mittelmeerraum zu uns nach Mitteleuropa ein. In manchen Jahren kommen bei günstiger Wetterlage mit warmen Winden Hunderttausende dieser Nachtfalter in unsere Breiten. Taubenschwänzchen sind eigentlich Nachtfalter, die jedoch bei Tage fliegen. Nähert sich ein solches Insekt, so ist ein tiefer Brummton zu hören. Dieser wird eben durch den schnellen Flügelschlag (70 Schläge pro Sekunde!) erzeugt. Nur so kann der Schwärmer im »Stehen« Nektar aus den Blüten saugen. Wie der Wollschweber, der wesentlich kleiner ist und ähnlich wirkt, jedoch zu den Schwebfliegen und nicht zu den Schmetterlingen gehört, besitzt das Taubenschwänzchen einen langen Rüssel, der bis zu 28 Millimetern lang sein kann. Fragt sich nur, wie es das Tier bewerkstelligt, dass der diffizile »Flugmotor«, nämlich die Muskulatur, bei solch hoher Schlagfrequenz nicht durchbrennt. Das Taubenschwänzchen besitzt dafür eine Luftkühlung, denn die im Flug vorbeistreichende Luft kühlt die Falterbrust. So behält die Natur auch an heißen Gartentagen einen kühlen Kopf.

Zarte Zauberwesen – Schmetterlinge im Naturgarten: ① Bläulinge ② Taubenschwänzchen ③ Aurorafalter ④ Zitronenfalter ⑤ Widderchen ⑥ Distelfalter ⑦ Admiral ⑧ Tagpfauenauge ⑨ Kleiner Fuchs ⑩ Schachbrettfalter ⑪ Schwalbenschwanz

WENIGER WÄRE MEHR – ABRÜSTUNG TUT GUT

Kennen Sie das? Kaum will man sich im Garten ein paar ruhige Minuten gönnen, geht's auch schon los: Wie auf Kommando rattert der erste Rasenmäher lautstark über den stets kurzgeschorenen deutschen Einheitsrasen eines Nachbarn. Mir ist immer noch nicht klar, wie das Ganze funktioniert, aber es scheint eine Gesetzmäßigkeit zu geben. Eine Gesetzmäßigkeit dahingehend, dass mit dem Verstummen des einen Rasenmähers irgendein anderer Nachbar seinen Motormäher anwirft. Und so wird eine Maschine von der anderen im Halbstundentakt abgelöst, um ja sicherzustellen, dass der Geräuschpegel aufrechterhalten bleibt. Oft kämpfen die Menschen mit einem überdimensionierten Höchstleistungs-Motorrasenmäher auf ein paar Quadratmetern. Manchmal frage ich mich, warum man diesen Lärm mir, meiner Familie und unseren Gästen antut. Doch zum Glück habe ich ein tolles Verhältnis zu meinen Nachbarn. Deshalb halte ich auch die Klappe. Schließlich ist ja jeder sein eigener Herr. Ich selbst besitze seit Jahren einen kleinen Handschiebemäher, das reicht für die Wege inmitten unserer Wiese und den Platz für die Liegestühle vollkommen aus. Doch leider sind die Leute ja nicht nur im Besitz von Motormähern, mit denen sie ihr Gartenarsenal aufrüsten. Mittlerweile sind noch Laubsauger, Laubbläser, motorisierte Kehrmaschinen, Motor-Rasenkantenscheren und viele, viele andere Geräte hinzugekommen. Nun ist es natürlich erfreulich, wenn die Wirtschaft angekurbelt wird. Doch muss dieses »Aufrüsten« gerade in den heimischen Gärten solche Ausmaße annehmen!? Viele Menschen wollen es heute bequem haben und schaffen sich deshalb teure Geräte an, mit denen sie die Gartenarbeiten schneller erledigen können. Zugleich suchen sie körperlichen Ausgleich in nicht minder teuerbezahlten Fitnessstudios. Vielleicht wäre jedoch etwas Bewegung an der frischen Luft in einem grünen und blühenden Garten von höherem Nutzen?

DIE SOMMERBLUME

Wenn ich eine Sonnenblume sehe, muss ich unweigerlich an die Gärten meiner Urgroßmutter, meiner Oma und meiner Mutter denken. Sie alle hatten eines gemeinsam: In keinem Sommer fehlten Sonnenblumen. Frühzeitig die Sonnenblumenkerne gesteckt – von denen früher noch eine Portion von den heute leider selten gewordenen Spatzen gefressen wurde –, zierten sie über Wochen hinweg den Garten. Schon immer haben Sonnenblumen die Menschen fasziniert. Der berühmte Maler Vincent van Gogh war von den Sonnenblumen im südfranzösischen Arles so fasziniert, dass er sein Farbenerlebnis auf der Leinwand festhielt. Heute sind seine Sonnenblumenbilder viele Millionen wert. Wohl keine andere Garten- und Feldfrucht hat die Künstler so zum Malen angeregt wie die »Goldblume«. Der einjährige Pflanzenriese ragt mit seinen 1,5 bis drei Metern Höhe besonders aus den Sommerpflanzen heraus. Doch erst zur Blütezeit, Ende Juli bis Anfang August, zeigen die Sonnenblumen so richtig ihr Gesicht. Besonders fällt der Kranz sattgelber und fingerlanger Blütenblätter auf, die wegen ihres Aussehens auch Zungenblüten genannt werden. Die kreisrund angeordneten, äußeren Blütenblätter haben lediglich die

Aufgabe, durch ihre leuchtende Farbe Insekten wie Bienen, Hummeln oder Fliegen anzulocken. Sie blühen deshalb vor den eigentlichen Blüten im Innern des Blütenkorbes auf und verwelken nach zehn bis zwölf Tagen als letzte. Die eigentlichen Blüten – zwischen 1000 und 2000 kleine Einzelblüten befinden sich im bis zu 40 Zentimetern großen Blütenkorb – sind gelb bis rotbraun. Nach der Bestäubung durch Insekten reifen bis zum Herbst die bekannten ölhaltigen Kerne heran. Der weiße Samenkern besitzt einen Ölgehalt von 55 bis 60 Prozent. Damit zählt die Sonnenblume zusammen mit dem Raps in Mitteleuropa zum wichtigsten Pflanzenöllieferanten. Es ist schon ein kleines Wunder, wie der kleine Sonnenblumenkern im Laufe weniger Sommerwochen eine solch große Pflanze hervorbringen kann. Überhaupt wirkt der Korbblütler irgendwie exotisch. Tatsächlich ist Mexiko das Ursprungsland. Von dort gelangte die Pflanze im 16. Jahrhundert nach Europa. In Europa kannte man Sonnenblumen anfangs nur als Zierpflanzen, später wurden sie großflächig angebaut, und seit Ende der 80er-Jahre erlebt der Sonnenblumenanbau, nicht zuletzt aufgrund der Förderung durch die Europäische Union, immer wieder eine neue Renaissance. Mein Tipp: Ziehen Sie Sonnenblumen im Topf vor und pflanzen Sie dann die jungen Pflänzchen ein.

Risotto mit Ringelblumen-Safran

Wer sich einen guten Rundkornreis – am besten aus der Po-Ebene – besorgen kann, hat schon eine der wichtigsten Zutaten für leckere und einfach zuzubereitende Risottogerichte parat.

Zutaten (für 4 Personen)

- *2 Schalotten*
- *2–4 EL Olivenöl extra vergine*
- *200 g Risotto-Reis*
- *ca. ¼ l trockener Weißwein (z.B. Riesling, Weißburgunder oder Grauburgunder)*
- *ca. 1 l Hühner- oder Gemüsebrühe*
- *60 g frisch geriebener Parmesankäse*
- *Salz, Pfeffer*
- *Ringelblumen-Safranfäden*

Und so wird's gemacht:

Die Schalotten (ersatzweise kann auch eine Zwiebel genommen werden) zu feinen Würfelchen schneiden und im Olivenöl andünsten. Dann den Reis hinzugeben und mitdünsten, bis dieser, vom Olivenöl überzogen, glänzt. Mit dem Weißwein ablöschen und so lange köcheln, bis der Wein fast verdampft ist. Mit Salz und Pfeffer abschmecken. Die heiße Brühe dazugeben, so dass der Reis gerade davon bedeckt ist. Dabei muss die Brühe heiß sein, damit der Reis quillt. Dazwischen immer wieder sorgfältig den Reis rühren und, sobald er sich vollgesogen hat, Brühe nachschütten. Aufpassen, dass nichts am Boden ansetzt. Am Schluss den geriebenen Parmesan einrühren und die Ringelblumen-Safranfäden (Anzahl nach Belieben) dazugeben und ebenfalls einrühren. Mit Salz und Pfeffer abschmecken. Der Risotto muss so flüssig sein, dass er beim Servieren richtig in den Teller gleitet. Die Konsistenz ist ja mit Hilfe der Brühe steuerbar.

Natürlich ist ein solches Risotto-Gericht das ganze Jahr über ein Genuss; jedoch lässt sich der Ringelblumen-Safran am besten im Juli herstellen. Dazu zupft man die Blütenblättchen der Ringelblumen ab und lässt diese trocknen. Man kann sie auch zum Färben benutzen. Dafür müssen sie fein zermahlen und das Pulver in Gläser abgefüllt werden. Zum einen ist Ringelblumen-Safran weit günstiger als der echte Safran. Zum anderen entwickelt er weit weniger Eigengeschmack. Ringelblumen-Safran eignet sich auch zum Färben für allerlei Suppen, Teigwaren und Desserts. Aber auch für Soßen zu verschiedenen Fisch- und Geflügelgerichten kann er verwendet werden. In früheren Zeiten hat man auch Kuchen mit Ringelblumen-Safran eingefärbt.

Risotto lässt sich übrigens mit vielerlei Zutaten kombinieren. So etwa im Mai und Juni mit grünem oder weißem Spargel (der natürlich zuvor gekocht und klein geschnitten werden muss), mit Frühlings- oder Spitzmorcheln im April, mit den jungen Trieben des Hopfens im Mai oder fast das ganze Frühjahr und den ganzen Sommer über mit jungen Brennnesselspitzen.

August

Genussvolle Sommertage auf der Terrasse, bald sind die schrillen Rufe der Mauersegler verstummt. Zusammen mit dem Kuckuck sind sie die ersten Zugvögel, die sich wieder auf eine lange beschwerliche Reise machen. Untrügliches Zeichen, dass sich der Gartensommer dem Ende zuneigt. Doch noch einmal darf aus dem Vollen geschöpft werden. Reiche Tomatenernte, sattes Basilikum. Wollen wir nicht ein Pesto fertigen und einfrieren? Noch nicht zu viele Gedanken an den nahenden Hebst oder Winter verschwenden. Noch einmal den Sommer wirken lassen. Dort, wo die Natur Natur sein darf, blühen Storchschnabel, Kerbel, Wiesenbärenklau, Flockenblumen, Knautien und der Wundklee. Diesmal haben wir Glück mit den Tomaten. Gute Ernte, herrliche Gerichte. In sattem Schwarz und schön glänzend beweisen die Brombeeren am Rand der Gartenhecke, dass sich die Natur immer wieder durchsetzt. Welch ein Glück!

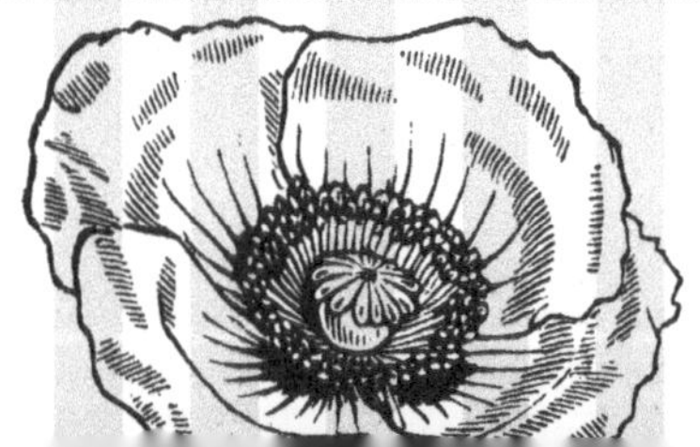

DIE BLUME DES MONATS: ROTE PIONIERE UNTER DROGENVERDACHT

»Unser Mohn (*Papaver*) ist über jeden Zweifel erhaben«, betont meine Frau ernst und redet lieber von der »harmlosen Pionierpflanze am Ackerrand« als von Drogenmissbrauch. Gewiss gibt es Mohnarten wie den *Papaver somniferum*, der ja nicht umsonst Schlafmohn heißt und als Ausgangsstoff zur Gewinnung von Heroin dient. Doch die knallroten Blüten des in Deutschland häufig vorkommenden Klatschmohns stehen für blühende Felder und heiße Sommertage. »Die kräftige Farbe bringt Feuer und ein bisschen Wildnis in den Garten«, schwärmt meine Frau. Vergnügen ist oft nur von kurzer Dauer, denn die vier Kronblätter der Blüte verwehen wie ein flüchtiger Sommertag schnell im Wind. Etwas ausdauernder sind da schon die vielen Ziermohnsorten.

PROVENCE UND TOSKANA IM KLEINFORMAT: DER KRÄUTERGARTEN

Sommerhitze! Während wir an so manchen heißen Augusttagen den Schatten suchen und auch beim besten Willen nicht an Gartenarbeit denken wollen, sondern die Früchte unseres Schaffens lieber vom Liegestuhl aus betrachten, entfaltet sich so manches Pflänzlein in besonderer Weise. Denn

Einige Würz- und Heilpflanzen aus dem Biogarten: ① Arznei-Thymian (Quendel) ② Dost (Origanum, Wilder Majoran) ③ Schafgarbe ④ Weinraute ⑤ Ringelblume ⑥ Wiesenkümmel ⑦ Gartensalbei ⑧ Arznei-Baldrian ⑨ Spitzwegerich

viele Pflanzen sind richtige Sonnenanbeter. Dazu gehören auch die meisten Kräuter. Die Sonnenwärme hilft jetzt, dass sich die unterschiedlichsten Aromen entfalten, in unsere Nase steigen und auch Erinnerungen an mediterrane Landschaften wachrufen. Ein Kräutergarten ist zugleich Duftparadies, lebendiger Gewürzladen und grüne Apotheke.

Kräuter heilen und würzen, duften einfach himmlisch und erfreuen unsere Augen mit all ihrer manchmal bescheidenen, manchmal üppigen Blütenpracht: Heil- und Küchenkräuter locken nicht nur bunte Schmetterlinge, nützliche Bienen und andere Insekten an. Auch viele Menschen halten sich gerne im Kräutergarten auf. Sobald Besuch kommt, zeigt meine Frau stolz den Küchengarten. »Alles immer frisch«, schwärmt sie den Gästen vor, die voll Bewunderung mit der Nase herumschnüffeln und die duftenden Aromen laut hörbar einatmen.

Kräutergärten sind weiß Gott keine langweiligen Nutzgärten mit chemisch gereinigten Beeten und Sträuchern, die mit militärisch exaktem Nagelscherenschnitt im Boden stehen. Kräutergärten wirken immer irgendwie wild und ursprünglich, obwohl auch in ihnen eine gewisse Ordnung herrschen muss. Denn wie alle Pflanzen haben auch Kräuter unterschiedliche Ansprüche. Wind und Wetter spielen bei der Standortwahl eine ebenso wichtige Rolle wie Bodenbeschaffenheit und Feuchtigkeit. Humus und Kalkgehalt der Erde sind genauso zu beachten wie die Sonneneinstrahlung im Kräuterbeet.

Da viele Kräuter ursprünglich aus dem sonnigen Süden stammen, lieben sie eben warme Plätzchen im Garten. Thymian, Rosmarin, Bohnenkraut, Anis und Salbei gehören zu den Sonnenanbetern unter dem Kräutern. Liebstöckel hingegen bevorzugt den Halbschatten, Sumpfbewohner wie die Brunnenkresse und der Wasserfenchel mögen die Nähe zum Gartenteich. Wie Pfefferminze gedeihen sie in feuchten Kräuterbeeten am besten. All das und vieles mehr muss bei der Planung eines Kräutergartens berücksichtigt werden.

Klein, aber fein!

Ein Kräutergarten muss nicht groß sein. Ein bis zwei Quadratmeter Fläche reichen bereits aus, um ein Basissortiment der wichtigsten Kräuter anzulegen. Nach dem Vorbild der berühmten mittelalterlichen Klostergärten sind umfriedete Beete ideal. Hecken und Steinmauern bieten nicht nur Schutz für die Pflänzchen: Sie geben dem Garten obendrein einen romantischen Touch. Aus Natursteinen lässt sich etwa auf kleinstem Raum eine Kräuterspirale hoch aufschichten: Vom Hochbeet aus wachsen die Pflanzen wie in einem Schneckengehäuse bis zum Boden hinab. Oben streben die sonnenliebenden Kräuter dem Himmel entgegen, unten versammeln sich Sumpf- und Wasserpflanzen wie Minzen und Brunnenkresse. Halt bekommt die Natursteinschnecke durch reichlich Erde, die kompakt aufgeschichtet wird. Auch sonnige Böschungen sind ideale Lebensräume für all die Kräuter, die es gern warm haben. Und das sind die meisten, denn nicht nur Dill, Majoran und Petersilie kamen schon mit den alten Römern über die Alpen nach Mitteleuropa. Auch Thymian, Salbei, Rosmarin und Lavendel stammen aus dem Mittelmeerraum. Unter einem schattenspendenden Laubbaum wie etwa der Hainbuche oder einer Wildhecke gedeihen auch heimische Heil-, Würz- und Aromapflanzen, die von Natur aus im Bereich feuchter Laubwälder wachsen.

Dazu gehören etwa Bärlauch und Waldmeister. Dies sind allerdings Frühblüher, die zwischen Ende März und Anfang Mai gedeihen und absterben, sobald sich das »Laubdach« der Hecke geschlossen hat. Doch zurück zu den Sonnenanbetern und dem klassischen Kräuterbeet.

Im Frühjahr wird gepflanzt

Die meisten Kräuter wie Thymian, Salbei und Lavendel reagieren auf nasskaltes Winterwetter wie die meisten Menschen: Sie mögen es nicht! Im März/April ist es langsam warm genug, um einen Kräutergarten anzulegen. Dabei ist zu bedenken, dass die meisten Kräuter mit ihren Wurzeln in die Tiefe drängen. Manche wollen sich bis zu 50 Zentimeter tief in den Boden ausstrecken. Nur wenige Kräuter, wie etwa Thymian oder Bohnenkraut, kommen mit steinigen, flachen Böden zurecht.

Den Boden bereiten

Für alle Kräuter sind verdichtete, tonig-lehmige Böden ein Problem. Die feinen Wurzeln bekommen dort nicht genug Luft oder sie ertrinken im Stauwasser. Nach einigen Fehlschlägen zu Beginn meiner Gärtnerkarriere habe ich begriffen, dass hier nur eines hilft: den Boden lockern, lockern und nochmals lockern! Ist der Boden stark verdichtet, muss er tief durchgepflügt und durch Graben und Fräsen gelockert werden. Ist der Boden zu leicht, kann Tonmehl Wunder wirken. Dann ist das Einarbeiten von Kompost oder Rindenhumus hilfreich. Den Boden untersuche ich stets genauer, bevor ich anfange, wie wild drauflos zu düngen. Denn wie so oft im Leben, ist zu viel des Guten schädlich. Guter Gartenboden darf für Kräuter auf keinen Fall überdüngt sein. Eine dünne Schicht Kompost, im Frühling oder Herbst verabreicht, reicht den Kräutern in der Regel aus. Viele sind in ihren ursprünglichen Lebensräumen ohnedies Überlebensspezialisten, die auch auf kargen Standorten überdauern können, sich aber dort nicht so üppig entwickeln. Deshalb müssen Thymian und Bohnenkraut von der Düngung meist ausgenommen werden.

Welche Maßnahmen letztlich notwendig sind, kann durch eine Bodenanalyse leicht ermittelt werden. Der pH-Wert sollte im schwach sauren bis neutralen Bereich (6,5 bis 7,5) liegen. Im Gartenhandel gibt es Testsets. Kommt bei dem Test heraus, dass der Boden Nährstoffbedarf hat, kann organischer Dünger – in Form des eigenen Komposts – eingearbeitet werden.

Wer ernten will, muss nicht unbedingt säen

Am Anfang ist der Samen: Er sollte möglichst frisch sein, denn altes Saatgut büßt oft an Keimfähigkeit ein. Man kann direkt ins Freiland säen oder die Saat in Töpfen ansetzen. Wenn die Tage im Frühjahr länger und wärmer werden, ist das die beste Zeit für die Aussaat. Bis sich die Zöglinge zeigen, müssen sie im Anzuchtkasten gut belüftet und vor Pilzinfektionen geschützt werden. Man muss schon geduldig sein, wenn man Kräuter aussät. Und Geduld ist nicht gerade meine Stärke. Unglaublich, aber wahr: Bei einigen Kräutern dauert es sogar Jahre (!), bis sie keimen. Andere Sämlinge wachsen dagegen schnell. Generell funktioniert die Ansaat im Topf so: Die Erde sollte möglichst nährstoffarm sein, denn sonst entwickeln sich die Wurzeln schlecht. Am besten geeignet sind drei Typen: die Null-Erde, Vermehrungs-Erde oder Pikier-Erde. Die Oberfläche der Erde mit einem Brettchen andrücken, dann die Samen einsäen, feinen Sand darübersieben, leicht angießen und den Topf an einen hellen Platz stellen. Wird die Erde zu trocken, mit einem Wasserzerstäuber für Feuchtigkeit sorgen. Dann folgt das Pikieren der Keimlinge in Schälchen oder Töpfe. Beim Einsetzen der Pflanzen muss man immer darauf achten, dass die Wurzeln senkrecht in den Boden zeigen und nicht nach oben klappen. Dann sofort angießen. Der nächste Schritt ist das sogenannte Topfen der Pflänzchen. Dafür gibt es wieder spezielle Erde: die T- oder Topf-Erde. Die Töpfe sollten einen Durchmesser von ca. acht bis zwölf Zentimetern haben. Beim Umtopfen darf der Wurzelballen natürlich nicht verletzt werden. Die Vermehrung der Stecklinge findet dann wieder im Blumentopf statt.

Heute kann man all diese mühevollen Schritte der Aussaat umgehen, indem man sich im Gartencenter recht bequem die Kräuter in Töpfen kauft oder sich die Pflänzchen im Katalog bestellt. Es ist darauf zu achten, dass die Ballen gut durchwurzelt sind. Man sollte die Pflanzen wässern, bevor sie mit einer leichten Handgartenschaufel gesetzt werden. Zuvor muss man den Boden gut auflockern und mit Kompost, je nach Bodenbeschaffenheit auch mit Kalk, anreichern. Doch Achtung: Nicht alle Kräuter lieben kalkhaltige Böden. Mit organischem Dünger kann man kaum etwas falsch machen. Bei Hornspänen, Knochenmehl und Rinderdung entfaltet sich der mikrobielle Abbau allerdings erst im Boden. Besser ist der Weg über den Kompost (siehe Seite 137–148). Nicht jeder ist mit einem Landwirt befreundet – doch das ist auch nicht erforderlich, denn organische Dünger gibt es längst im Handel. Die Düngeformel lautet 100 Gramm pro Quadratmeter. Wer zu viel düngt, bekommt schnell Probleme mit Pilzen und Blattläusen. Viel wichtiger ist es, den Boden immer mal wieder mit einer Hacke vorsichtig aufzulockern. Beim Anpflanzen der Kräuter den Boden fest an den Ballen drücken und das Pflänzchen mit der Gießkanne angießen und gründ-

Das kleine Einmaleins der Kräuter-Aussaat

- **Dill** Aussaat ab April, braucht humusreichen, frischen Boden
- **Kerbel** Aussaat ab März, braucht Halbschatten
- **Estragon** Aussaat ab März, liebt warme Lagen
- **Lavendel** Aussaat ab März, bevorzugt warme, steinige Böden
- **Liebstöckel** Aussaat ab März oder Herbstaussaat im August, braucht gut gedüngte, feuchte Böden
- **Kamille** Aussaat ab März, benötigt gut gelockerten Boden, feucht halten
- **Pfefferminze** Aussaat ab März, braucht feuchten, humusreichen Boden
- **Basilikum** Aussaat ab März, liebt geschützte, warme Lagen
- **Majoran** Aussaat ab März unter Glas, im Mai ins Beet, braucht kalkhaltige, leichte Böden und mäßige Düngung
- **Petersilie** Aussaat ab April, gedeiht in feuchtem, gut gedüngtem Boden
- **Bohnenkraut** Aussaat ab April, ist genügsam, daher mit jedem Boden zufrieden

lich einschlämmen. Zwischen Ballen und Boden dürfen sich keine Hohlräume bilden. Später im Kräutergarten stets abends gießen, damit im Sommer nicht so viel Wasser verdunstet.

Hacken hilft

Wildwuchs ist auch im Kräuterbeet nicht unbedingt erwünscht. Es gibt Eindringlinge wie Giersch, Schachtelhalme und Gartenwolfsmilch, die einen Kräutergarten schnell überwuchern können. Da Kräuter der menschlichen Gesundheit dienlich sind, ist das Spritzen von Herbiziden kein angemessenes Mittel gegen unerwünschte Wildkräuter. Außerdem hat Chemie nichts, aber auch gar nichts im Biogarten zu suchen. Die Alternative ist – das muss ich schon zugeben – etwas anstrengend: Der Kampf gegen lästiges Unkraut lässt sich auf biologische Weise nur durch Jäten und Hacken gewinnen.

Beim Hacken wird der Boden fein durchmischt. Dabei wird die biologische Aktivität angeregt, die oberste Bodenschicht wird aufgelockert und trocknet rascher aus. Dort haben Unkrautsamen dann keine Chance zu keimen. Es ist besonders schweißtreibend, aber auch besonders effektiv, wenn der Boden an heißen Tagen gehackt wird. All die entwurzelten Unkräuter trocknen in der Sonne aus und können nicht wieder anwachsen. Mit einem Stichel kann man nach tiefen Pfahlwurzeln von Disteln und anderem Unkraut graben, um sie leichter herauszuziehen. Nach getaner Arbeit kommt noch eine Mulchschicht aus verrottetem Kompost, geschnittenem Rasen, Stroh, Laub oder Rindenschrot aufs Beet, damit die Licht liebenden Unkräuter nicht wieder so leicht keimen können.

Gegen vieles ist ein Kraut gewachsen

Arnika wächst auf nährstoffarmen Böden: Bitte nicht düngen! Arnika braucht ein sonniges Plätzchen und blüht von Mai bis August. Hilft bei Verstauchungen und gegen Entzündungen.

Echte Kamille wächst auf jedem Gartenboden und gedeiht gut in der Nachbarschaft von Ringelblumen. Die getrockneten Blüten als Tee aufgebrüht helfen bei Verdauungsbeschwerden und Bauchweh.

Echte Schafgarbe wächst auch auf magerem Rasen, bevorzugt aber gut gedüngten Boden. Blätter und Blüten wirken krampflösend.

Hopfen wächst an Kletterspalieren und braucht Sonne, doch die Wurzeln müssen stets feucht sein. Hilft bei Schlaflosigkeit und Nervosität.

Johanniskraut wächst auf jedem Gartenboden und gedeiht mit Beifuß und Wildem Majoran. Hilft bei Depressionen.

Kümmel wird im März im Kräuterbeet ausgesät und gedeiht gut neben Estragon und Petersilie. Als Tee aufgebrüht hilft er gegen Verdauungsstörungen.

Lavendel ist winterhart, wächst auf steinigen Böden und braucht Sonne. Er gedeiht gut neben Salbei und Thymian. Als Öl wirkt er gegen Schlaflosigkeit.

Pfefferminze wächst auf nährstoffreichem Boden zusammen mit anderen Minzen und Petersilie. Als Tee aufgebrüht gegen Kopfschmerzen, Schwindel und Erkältung wirksam.

Zitronenmelisse wächst im Halbschatten zusammen mit Minzen und Oregano. In Form von Tee hilfreich bei Traurigkeit und Nervosität.

KRÄUTER HABEN HEILKRÄFTE

Von meiner Urgroßmutter und von meiner Großmutter habe ich viel gelernt. Im Frühjahr wurde nicht nur das Haus auf den Kopf gestellt und vom Dachboden bis zum Keller gewienert und geputzt. Die Omas haben auch ihren Körper »gereinigt«. Heute ist in Frauenzeitschriften von »Entschlackung« und »Diäten« die Rede, meiner Urgroßmutter und meiner Großmutter ging es darum, Leber und Nieren zu entlasten. Mit Tees aus dem eigenen Kräutergarten »spülten« sie die Nieren, entgifteten die Leber, kurbelten den Stoffwechsel an und reinigten die Haut. Aus dem Schatz meiner Uroma Louise ein paar Teetipps zur »Reinigung« des Körpers und bei anderen »Wehwehchen«:

- Johanniskraut-Tee gegen Depressionen
- Himbeerblätter-Tee gegen Durchfall
- Löwenzahnblätter-Tee zur Entschlackung
- Brennnesselblätter-Tee zur Entwässerung
- Thymian- oder Spitzwegerich-Tee gegen Husten
- Holunderblüten-Tee zur Stärkung des Immunsystems
- Rosmarin-Tee zur Stärkung des Kreislaufs
- Kamillen-Tee gegen Übelkeit
- Melissen-Tee bei Stress und Schlafstörungen

Gesundheit, die aus dem Garten kommt

Löwenzahn fördert die Ausscheidungen von Leber und Nieren, wirkt anregend auf den Stoffwechsel und hilft gegen Völlegefühl und Verdauungsbeschwerden. Löwenzahnblätter können auch als Salat gegessen werden.

Brennnesselkraut wirkt entwässernd, verstärkt den Harndrang und hilft bei Prostatabeschwerden. Es wirkt bei Rheuma und Gicht, darf allerdings nicht bei Ödemen angewandt werden, die durch eingeschränkte Herz- oder Nierenfunktion hervorgerufen sind.

Ringelblume kennt man als Salbe, doch sie wird auch als Tee getrunken und hat einen positiven Effekt auf die Haut. Akne, Neurodermitis und Ekzeme können mit Hilfe der Ringelblume abklingen.

Gute-Nacht-Kräuter

Baldrian fördert den Schlaf und kann als Tee oder Tinktur angewendet werden.

Hopfen wird meist in Kombination mit anderen beruhigenden Kräutern verwandt. Die Blüten werden häufig Tees beigemischt.

Melisse wird meist als Tee getrunken und ist wegen seines zitronigen Geschmacks sehr beliebt.

Lavendel wird nicht nur als Tee getrunken, sondern auch als duftendes und beruhigendes Kraut im Raum aufbewahrt.

Gute-Nacht-Tee
40 g Baldrianwurzel, 20 g Hopfenzapfen, 15 g Melissenblätter und 15 g Pfefferminze aufbrühen, ziehen lassen und noch heiß schlückchenweise vor dem Schlafengehen trinken.

Bei Husten und Heiserkeit

Thymian stillt den Hustenreiz und wirkt krampflösend. Die Blätter werden als Tee getrunken.

Salbei wirkt bei Halsentzündungen und eignet sich als Tee auch zur Spülung und zum Gurgeln. Er wirkt antibakteriell.

Lindenblüten helfen bei fiebrigen Erkrankungen. Lindenblüten-Tee stärkt die körpereigene Abwehr und beugt Erkältungskrankheiten vor.

Husten-Tee
Man nehme jeweils 10 g Spitzwegerich, Malvenblüten, Königskerzenblüten, Eibischblätter, Thymian, Fenchel und Anis und gieße die Kräuter mit heißem Wasser auf. Ziehen lassen und nach und nach trinken.

Gut fürs Herz

Rosmarin regt die Durchblutung an, wirkt als Tee anregend und kräftigt den Kreislauf.

Mistel gilt als »Hexen- und Druiden-Pflanze«. Sie wird bei erhöhtem Blutdruck verwendet und hat einen positiven Effekt aufs Herz. Außerdem stärkt die Mistel das Immunsystem.

Weißdorn ist berühmt für seine positive Wirkung auf Herz und Kreislauf. Blätter und Früchte stabilisieren ein schwaches Herz und einen instabilen Kreislauf. Weißdorn soll sogar die Gedächtnisleistung verbessern.

Blutdruck-Tee

Man nehme jeweils 20 g Mistel, Weißdornblüten und -früchte, Lavendelblüten und 10 g Melisse und brühe den Tee auf. Ziehen lassen und danach trinken.

Für Magen und Darm

Kamille ist ein beliebtes Hausmittel bei Bauchschmerzen, Blähungen und Übelkeit. Die Blüten wirken beruhigend und krampflösend auf den Magen.

Pfefferminze wirkt schnell bei akuten Magenschmerzen, Erbrechen und Übelkeit. Auch Völlegefühl und Gallenbeschwerden sind mit Pfefferminz-Tee in den Griff zu kriegen.

Enzian ist durch seine Bitterstoffe gut gegen Magenleiden, bei Darmproblemen und Gallenschmerzen.

Magen-Darm-Tee

Man nehme jeweils 10 g Pfefferminzblatt, Kümmel, Fenchel, Wermut, Schafgarbe und Anis, jeweils 20 g Kamillenblüten und Ingwer und jeweils 5 g Enzianwurzel und Tausendgüldenkraut und brühe den Tee auf. Ziehen lassen und trinken.

Hilfe, was hilft?

- Bei **Blähungen**: Anis, Fenchel und Kümmel
- Zur **Entschlackung**: Löwenzahn
- Zur **Entwässerung**: Brennnesselblätter
- Bei **Fieber**: Lindenblüten
- Bei **Halsschmerzen**: Salbei
- Bei **Husten**: Thymian
- Bei **Kopfschmerzen**: Pfefferminzöl
- Bei **Magenschmerzen**: Pfefferminze und Melisse
- Bei **Übelkeit**: Kamille
- Bei **Stress**: Melisse und Lavendel

UNSERE GOURMETKRÄUTER

Frische Kräuter aus dem Garten gehören bei uns vom zeitigen Frühjahr bis in den Herbst hinein auf den Tisch wie Messer und Gabel. Über das, was als Trockenware in Supermärkten in den Gewürzregalen zum Kauf angeboten wird, reden wir lieber nicht. »Geschmackloses Gebrösel« nennt es meine Frau oft. »Tote und radioaktiv bestrahlte Kräuter kommen mir nicht auf den Teller!«, meint sie. Die würzigen mediterranen Düfte, die in unserem Garten mit ihren ätherischen Ölen Hummeln und Wildbienen, Schmetterlinge, Schwebfliegen und andere Insekten anlocken, vereinen – einfach oder fantasievoll mit allerlei Speisen kombiniert – auch immer wieder zufriedene Familienmitglieder und unsere Gäste am Tisch. Was wäre so manche Pasta ohne Basilikum, Linseneintöpfe ohne Liebstöckel, Gurkensalat ohne Dill, Lammbraten ohne Rosmarin oder selbst gemachte Pizza ohne Oregano?

Kräuter in der Küche – eine kleine Auswahl

Basilikum: Im Hochsommer blühen die Blätter des würzigen Basilikums. Sie schmecken besonders gut zu Tomatensuppen und Soßen, italienischen Nudelgerichten, Pizza, allerlei Fleisch und Geflügel. Außerdem beugt Basilikum Bauchweh vor.

Bohnenkraut: Noch bis zum Oktober blüht das einjährige Kraut, das immer wieder neu auftaucht und sich also selbst aussät, wenn man es nur lässt. Es gibt grünem Bohnengemüse erst die aromatische Note und schmeckt auch in anderen Eintopfgerichten. Bohnenkraut ist gut für die Verdauung und hilft bei Durchfall.

Dill: Es wird im Volksmund auch als »Gurkenkraut« bezeichnet, weil es perfekt zu frischem Gurkensalat passt. Doch auch Fischgerichte – ganz gleich ob frisch zubereitet oder mariniert – sind ohne den typischen Dillgeschmack nur die Hälfte wert. Dill hilft auch gegen Blähungen.

Liebstöckel: Heißt auch »Maggikraut« und – wie der Name schon sagt – schmeckt am besten zu allen Suppen und Eintöpfen. Liebstöckel ist gut für die Verdauung.

Majoran: Sowohl die frischen als auch die getrockneten Blätter schmecken ganz hervorragend zu Hülsenfrüchten, Suppen und Salaten, Kartoffelgerichten sowie zu allen Fleisch-, Wurst- und Geflügelgerichten. Der Wilde Majoran heißt Oregano. Beide machen das Essen bekömmlich und leicht verdaulich.

Petersilie: Sie gehört zur deutschen Küche wie Salz und Pfeffer und wird auch als »Suppenkraut« bezeichnet. Petersilie schmeckt zu Salaten, Suppen und frischen Salzkartoffeln.

Rosmarin: Der Strauch wird zwischen 80 und 150 Zentimeter hoch und blüht schon zwischen April und Juni. Die Rosmarinnadeln sind perfekt zu allen Wildgerichten, zu Lamm und Zicklein. Dem Kraut werden Heilerfolge bei Angina, Bronchitis und Rheuma nachgesagt.

Schnittlauch: Ähnlich wie Petersilie hat sich Schnittlauch in der deutschen Küche ein weites Feld erobert. Es ist wohl das bekannteste Küchenkraut und wird häufig in Suppen, Salaten und Kräuterquark serviert. Schnittlauch ist gut für die Verdauung und beruhigt den Magen. Wussten Sie, dass der wilde Verwandte des Schnittlauchs in Streuwiesen wächst?

Wilder Majoran (Oregano): Eine toll duftende, bis zu 70 Zentimetern hohe Würzpflanze, die wild in Trockenrasen und an mageren Böschungen, Hecken- und Waldrändern zu Hause ist. Frische Blätter schmecken würzig in Salaten, getrocknete Blätter auf der Pizza. Eine wichtige Schmetterlingspflanze.

KRÄUTER KONSERVIEREN – ABER WIE?

Es ist schon herrlich, immer frische Kräuter für Salate, Suppen, Eintöpfe oder Schmorbraten aus dem Garten holen zu können. Für die kalte Jahreszeit lässt sich der Kräutersommer aber auch aufbewahren. Wer zur Ernte in seinen Kräutergarten geht, kann ausschlafen. Geerntet wird nämlich erst, wenn der Morgentau getrocknet ist. Blüten müssen taufrei sein, Blätter sollte man möglichst erst mittags pflücken. Wenn es sich vermeiden lässt, sollte es am Erntetag nicht regnen. Auch feuchte Witterung ist zu umgehen. Ich wähle immer sonnige Tage für die Kräuterernte. Am besten legt man sie in ein offenes Körbchen und sorgt dafür, dass sie schon sehr bald nach der Ernte getrocknet werden. Denn nur dann kann man den Abbau der heilenden Inhaltsstoffe stoppen.

Beim Trocknen muss man sensibel vorgehen. Kräuter dürfen weder in der Sonne trocknen noch am Ofen. Sie müssen luftig locker – gebündelt oder als Sträußchen – am besten kopfüber hängend an einem luftigen Ort trocknen. Denn sonst kann es passieren, dass sie – insbesondere bei hoher Luftfeuchtigkeit – schimmeln. Helle, trockene Kellerräume, das Gartenhaus oder – wo noch vorhanden – der Dachboden sind zum Aufhängen gut geeignet. Im Idealfall brauchen die Kräutersträußchen nicht länger als zwei bis drei Wochen, bis sie ausreichend trocken sind. Jedenfalls achte ich immer darauf, dass die Kräuter nicht einstauben. Eiligen Zeitgenossen empfehle ich die Mikrowelle oder den Umluftherd. Doch Vorsicht: 50 Grad sollten beim Trocknungsprozess keinesfalls überschritten werden.

Mit der Trocknung findet übrigens eine Konzentrierung der ätherischen Öle statt. Obwohl nicht alle Kräuter ihre volle Würzkraft behalten, verlieren sie durch die Trocknung nicht an gesundheitlicher Wirkung. Kerbel, Borretsch, Fenchel, Dill, Petersilie und Schnittlauch büßen etwas an Geschmack ein, während Basilikum, Thymian, Rosmarin, Bohnenkraut, Pfefferminze und Oregano kaum an Würze verlieren. Getrocknet lassen sich die Kräuter leicht in der Hand zerbröseln, von allzu groben Bestandteilen befreien und in Keksdosen oder Glaskaraffen perfekt aufbewahren. Natürlich kann man frische Kräuter auch einfrieren. Meine Frau füllt Küchenkräuter wie Dill, Schnittlauch, Liebstöckel, Kerbel und Petersilie gewaschen und fein geschnitten in Gefrierbeutel ab und friert den Inhalt in den gekennzeichneten Beuteln sofort ein. Allerdings verbrauchen wir diese Kräuter innerhalb eines halben Jahres. Wir glauben nämlich, dass sie danach an Geschmack verlieren.

Man kann Kräuter natürlich auch köstlich in Essig und Öl konservieren. Ich nehme zum Beispiel jeweils 20 Gramm Rosmarin, Estragon, Thymian, Basilikum und Dill und übergieße sie mit reinem Weinessig. An einem warmen, sonnigen Plätzchen muss der Essig dann zwei Wochen ziehen. Anschließend wird er abgefiltert und dunkel gelagert. Man kann mit allen frischen Gartenkräutern aromatische Essig- oder Kräuteröle herstellen. Die Kräuter kommen aus optischen Gründen entweder am Stück in die Flasche oder sie werden klein gehackt. Dann entwickelt sich das Kräuteraroma natürlich schneller. Während man getrocknete Kräuter das ganze Jahr über verwenden kann, sollten frische im September angesetzt werden.

Kräuteröle sollten im Gegensatz zum Essig keinesfalls an einem sonnigen Platz stehen, denn die wertvollen Fettsäuren sind lichtempfindlich. Die Menge, die entnommen und in der Küche verbraucht wird, kann ohne weiteres wieder nachgefüllt werden. Bei der Kreation von Kräuteressig und Ölen sind der Fantasie keine Grenzen gesetzt. Es gilt auch hier: Probieren geht über Studieren!

EIN PAAR KRÄUTERTIPPS

Einmal in Öl

Dafür nehme ich jeweils einen Teelöffel (TL) getrockneten Thymian, Rosmarin, Bohnenkraut, Zitronenmelisse, Majoran und gebe drei Zehen Knoblauch in einen Liter natives Olivenöl. Die Flasche lagere ich dann zwei Wochen lang an einem kühlen, dunklen Ort im Keller. Dann gieße ich das Öl durch ein Sieb – fertig!

Einmal in Essig

Hierfür nehme ich jeweils vier frische Zweige Thymian, Bohnenkraut, Minze und Rosmarin und zwei Zweige Estragon sowie eine Petersilienwurzel. Dann gebe ich die Kräuter mit zehn zerstoßenen Pfefferkörnern in einen Liter Weinessig. Die Flasche wird knapp drei Wochen an einen warmen Ort gestellt und gelegentlich gut durchgerührt. Dann gieße ich den Essig durch ein Sieb – fertig!

Alles in Butter

Frische Kräuter wie Kerbel, Petersilie, Basilikum und Schnittlauch eignen sich ganz hervorragend für die Herstellung von leckerer Kräuterbutter. Die Kräuter zusammen mit ein oder zwei Zehen Knoblauch so fein wie möglich schneiden, 150 g Butter im Mixer cremig schlagen und die Kräuter mit wenigen Tropfen Zitronensaft unterrühren. Die Butter dann je nach Geschmack mit Salz und Pfeffer abschmecken und im Kühlschrank abkühlen. Natürlich kann man auch den Knoblauch weglassen.

Kräuter fürs Näschen

Mit Kräutern gefüllte Duftsäckchen im Wäscheschrank, im Bad oder Schlafzimmer beleben die Sinne, stimulieren oder fördern den Schlaf. Auch halten sie Fraßinsekten wie Motten fern. Für die Verbesserung der Raumluft eignen sich offene Duftschalen, von denen frisches Aroma ausgeht. Jeweils eine Tasse getrockneten Lavendel mit Rosen- und Orangenblüten sowie Lemongras vermischt in eine Schale füllen und mit wenigen Tropfen Lavendelöl beträufeln.

Getrocknete Lavendelblüten mit Zimtrinde und Nelken vermischt, wirken im Bad aufgehängt belebend und erfrischend. Für die Nacht empfiehlt sich ein Säckchen mit getrocknetem Hopfen, Melisse, Schafgarbe, Johanniskraut und Lavendel. Meine Oma hat das Säckchen einfach neben ihr Kopfkissen gelegt. »Und schon ist der Sandmann im Anmarsch!«, sagte sie immer. Für ein Kräuterbad werden jeweils 50 g Schafgarbe und Frauenmantel in einen kleinen Stoffbeutel gegeben und in die Wanne gehängt.

Die Sonnenuhr

Selten reicht ein Schauer feuchter Fäule
aus dem Gartenschatten, wo einander
Tropfen fallen hören und ein Wander-
vogel lautet, zu der Säule,
die in Majoran und Koriander
steht und Sommerstunden zeigt;

nur sobald die Dame (der ein Diener
nachfolgt) in dem hellen Florentiner
über ihren Rand sich neigt,
wird sie schattig und verschweigt –.

Oder wenn ein sommerlicher Regen
aufkommt aus dem wogenden Bewegen
hoher Kronen, hat sie eine Pause;
denn sie weiß die Zeit nicht auszudrücken,
die dann in den Frucht- und Blumenstücken
plötzlich glüht im weißen Gartenhause.

Rainer Maria Rilke (1875–1926)

BÜHNE FREI – DIE STARS IM KRÄUTERGARTEN!

Viele Kräuter gehören zur berühmten Pflanzenfamilie der Lippenblütler. Sie sind oft nah miteinander verwandt, kommen fast alle aus den sonnigen Regionen rund ums Mittelmeer. Ätherische Öle verleihen ihnen den typischen Geschmack und einen charakteristischen Geruch, Bitter- und Schleimstoffe sowie Alkaloide sorgen für die heilende Wirkung. Andere Kräuter wie Dill, Kümmel, Pastinak, Anis und Kerbel sind Doldengewächse.

- **Anis** (*Pimpinella anisum*) wird bis zu 50 Zentimetern hoch, hat gerillte Stängel, gefiederte Blätter und weiße Blüten, die in Doppeldolden stehen. Der Standort muss warm und sonnig sein, der Boden darf nicht zu kalkhaltig sein. Die Samen würzen Küchen und Backwaren, der Tee hilft bei Husten und Blähungen.
- **Beifuß** (*Artemisia vulgaris*) wird bis zu 250 Zentimetern hoch, hat gefiederte Blätter und verbreitet einen aromatischen Geruch. Die Blüten sind unscheinbar und haben eine gelblich braune Farbe. Beifuß gedeiht gut in wilden Gartenecken, etwa im Umfeld des Komposts. Die geschlossenen Blüten schmecken zu Geflügel, Salaten und Soßen.
- **Bohnenkraut** (*Satureja hortensis*) kann bis zu 30 Zentimetern hoch werden. Die länglichen Blätter sitzen versetzt am Stängel, die Blüten sind weiß bis lilafarben. Bohnenkraut gedeiht an sonnigen Standorten auf steinigen Böden und in Steingärten. Es schmeckt zu Pizza, Bohnengerichten und Pilzen.
- **Hopfen** (*Humulus lupulus*) wird bis zu acht Metern hoch und ist ein Schlinggewächs mit weinartigen Blättern und den typischen zapfenartigen Hopfen. Die Pflanze lässt sich an Wandspalieren und Sichtschutzwänden ziehen. Hopfen braucht einen sonnigen Standort, aber die Wurzeln müssen ausreichend feucht sein. Hopfentee beruhigt und entspannt. Der wilde Hopfen ist eine Auwaldpflanze.
- **Echte Kamille** (*Chamomilla recutita*) hat doppelt gefiederte Blätter, die in schmalen Zipfeln auslaufen. Die Blüten sind gelb-weiß und helfen als Tee aufgebrüht gegen Verdauungsbeschwerden. Kamille ist anspruchslos und wächst auf nahezu jedem Boden.

- **Rosmarin** (*Rosmarinus officinalis*) ist ein immergrüner Strauch, der bis zu einem Meter hoch wird und winterhart ist. Die Blätter sind sehr schmal, Tannen- oder Fichtennadeln ähnlich und recht derb, die Lippenblüten sind hellblau. Rosmarin wächst an sonnenwarmen Standorten. Die Blätter würzen Braten und Soßen sowie Grillgerichte.
- **Salbei** (*Salvia officinalis*) ist ein bis zu 80 Zentimeter hoher, wintergrüner Strauch mit rauen Blättern und blauvioletten Lippenblüten. Salbei braucht eine sonnige, windgeschützte Stelle im Kräutergarten. Salbei wirkt gegen Mundgeruch und als Tee gegen Husten und Heiserkeit.
- **Echte Schafgarbe** (*Achillea millefolium*) wird 20 bis 70 Zentimeter hoch, hat weiße bis rosafarbene Blüten, die von Juni bis Oktober blühen. Sie wächst an sonnigen Standorten auf gut gedüngten Böden, aber auch auf magerem Rasen. Blätter und Blüten hemmen Entzündungen und wirken krampflösend.
- **Schnittlauch** (*Allium schoenoprasum*) wird bis zu 60 Zentimetern hoch, hat röhrenartige, würzige Blätter und violette Doldenblüten. Die Blütenbällchen sind hübsch anzusehen. Schnittlauch wächst im Kräuterbeet, kann aber auch im Steingarten gedeihen. Er wird wie Petersilie vielseitig in der Küche verwandt.
- **Dill** (*Anethum graveolens var. hortorum*) wird bis zu 120 Zentimetern hoch und hat dottergelbe Blüten, die auf großen Doppeldolden stehen. Dill braucht gut gedüngten, humosen Gartenboden. Die Früchte helfen als Tee aufgebrüht bei Verdauungsbeschwerden, das Kraut schmeckt zu Fisch, Salaten und verleiht eingelegten Gewürzgurken den typischen Geschmack.

- **Gartenkerbel** (*Anthriscus cerefolium ssp. cerefolium*) wird bis zu 60 Zentimetern hoch und hat hellgrüne, gefiederte Blätter und weiße Doppeldolden. Gartenkerbel gedeiht im Halbschatten besonders gut. Die Blätter werden frisch geschnitten und zu Suppen, Salaten und Soßen gegeben.
- **Arnika** (*Arnica montana*) wird bis zu 60 Zentimetern hoch und zählt weltweit zu den bekanntesten Heilpflanzen. Die Blüten sind dottergelb. Arnika benötigt einen ungedüngten, kalkfreien Boden. Wilde Arnika ist streng geschützt! In größeren Mengen ist die Heilpflanze giftig. Sie wird bei Verstauchungen und gegen Entzündungen äußerlich angewandt. Das ätherische Öl der Blüte wird als Tinktur verabreicht.
- **Estragon** (*Artemisia dracunculus*) ist eine graugrüne Staude mit langen, schmalen Blättern und wird über einen Meter hoch. Die Blätter werden geschnitten, wenn die Pflanze blüht. Sie schmecken zu Salaten, Braten und Wildgerichten.
- **Borretschkraut** (*Borago officinalis*) wird bis zu einem Meter hoch und ist für Bienen eine bedeutende Futterpflanze. Die Blüten sind dunkelblau und behaart. Borretschkraut gedeiht gut auf lehmhaltigem Boden an einem sonnigen Standort. Das Kraut schmeckt frisch oder getrocknet zu Suppen und Salaten, die schleimigen Wirkstoffe sollen nach alten Kräuterbüchern das Herz stärken.
- **Echter Kümmel** (*Carum carvi*) ist eine Staude, die bis zu 80 Zentimetern hoch wird. Kleine weiße Blüten sitzen auf Doppeldolden. An den Boden stellt Kümmel keine großen Ansprüche. Die Samenkörner schmecken zu Kohl und Soßen, als Tee aufgebrüht fördert Kümmel die Verdauung.

- **Liebstöckel** (*Levisticum officinale*) wird auch als Maggikraut bezeichnet. Die Pflanze wird bis zu zwei Meter hoch, die Blätter sind gefiedert und glänzend. Die Doppeldolden haben kleine gelb-grüne Blüten. Liebstöckel würzt Suppen und Salate und wird gegen Magenschmerzen und Melancholie empfohlen.
- **Lavendel** (*Lavandula angustifolia*) ist ein Zwergstrauch und hat sehr schmale Blätter und violette Blüten. Lavendel ist winterhart und wächst an sonnigen Standorten auf steinigen und leichten Böden. Das Öl wirkt gegen Nervosität und Schlaflosigkeit, als Anteil in Gewürzmischungen schmeckt Lavendel zu Fisch und Lamm.
- **Zitronenmelisse** (*Melissa officinalis*) ist eine bis zu 80 Zentimetern hohe Staude mit eiförmigen Blättern und weißen Lippenblüten, die einen zitronigen Geruch verbreitet. Als Tee aufgebrüht wirkt Melisse gegen Traurigkeit und Nervosität.
- **Brunnenkresse** (*Nasturtium officinale*) ist eine bis zu 90 Zentimetern hohe, kriechende Pflanze mit elliptischen Blättern und weißen Kreuzblüten. Im Garten braucht sie feuchten Boden. Sie gedeiht am besten direkt am Garteneich. Die Blätter sind scharf. Sie würzen Salate und Quark. Der Tee wirkt harntreibend.
- **Oregano/Wilder Majoran** (*Origanum vulgare*) ist eine bis zu 50 Zentimetern hohe Staude mit eiförmigen Blättern und rosafarbenen Lippenblüten in Rispen. Sie wächst im Steingarten und verträgt keine frische Düngung. Oregano schmeckt zu Pizza, Pasta und anderen Gerichten der mediterranen Küche. Als Tee aufgebrüht lindert Oregano Husten und Magenleiden.

- **Petersilie** (*Petroselinum crispum*) entwickelt im ersten Jahr glatte Blätter, im zweiten Jahr gelb-grüne Doppeldolden. Der Boden sollte in die Tiefe reichen und humushaltig sein. Petersilie wird in der deutschen Küche in allerlei Gerichten wie Suppen, Kartoffeln, Salaten und Eintöpfen verwandt.

KRÄUTER SCHREIBEN GESCHICHTE

Seit jeher hat der Mensch seine Wehwehchen mit Kräutern behandelt und kuriert, seine Mahlzeiten mit ihnen gewürzt und ergänzt und so mit allen Sinnen genossen, was in Gottes Kräutergarten wild wächst. Vor über 5000 Jahren – das ist belegt und gehört zu den ältesten Aufzeichnungen der Menschheitsgeschichte – haben chinesische Pflanzenheiler ihren Wissensschatz aufgeschrieben. Doch schon in der Steinzeit vor über 18 000 Jahren haben Menschen mit Kräutern herumexperimentiert. Das konnten Archäologen inzwischen nachweisen.

Im täglichen Umgang mit Kräutern als Brech- und Abführmittel, Schmerz- und Heilmittel oder schlicht als Küchenkräuter und Würzpflanzen kommt den Gemüse- und Kräutergärten der Benediktiner und Zisterzienser in den Klosteranlagen ab dem achten Jahrhundert eine ganz wesentliche Rolle zu. Im Mittelalter hatte das Lehrgedicht »Liber de Cultura hortorum« des Abtes Walahfrid Strabo über »anbauwürdige« Pflanzenarten große Bedeutung. Es bezieht sich auf das berühmte »Capitulare de villis« von Karl dem Großen. Darin wurde festgeschrieben, welche Pflanzen im gesamten Reich anzupflanzen waren. Heilpflanzen wie

Kümmel, Fenchel, Salbei und Lavendel waren schon damals von großer Bedeutung. Im St. Galler Klosterplan wurde sogar die strenge Anordnung der Kräuterbeete festgelegt.

Die Kräuternonne Hildegard von Bingen (1098–1179) ist schließlich der weibliche Star unter den Kräuter-»Hexen« des Mittelalters. Die Äbtissin prägt die Anwendung von Heilpflanzen bis zum heutigen Tag. Viele Wirkstoffe, die sie vielleicht nur erahnt hat, gehören heute zum Allgemeinwissen der Pflanzenforscher.

Erst in der Neuzeit entstanden Kräuterbücher, die weit verbreitet sind. Der »Herbarius« ist ein Volksbuch für einfache Heilmittel und wurde 1484 zusammengestellt. Ein Jahr später erscheint der »Gart der Gesuntheit«. Viel später, im 19. Jahrhundert, entwickeln Hufeland und Hahnemann die Homöopathie.

SÜSSSAURE PIONIERE

Brombeeren habe ich in meinem Naturgarten noch nie gepflanzt und trotzdem sind sie immer irgendwo präsent. Sobald man an der einen oder anderen Gartenecke mal nichts unternimmt, sind scheinbar urplötzlich Brombeeren aufgetaucht. Die glänzend schwarzen süßsauren Beeren werden gerne von Amseln und anderen Vögeln gefressen. Diese wiederum betätigen sich als unfreiwillige Gärtner der Natur und scheiden die unverdaulichen Samenkerne wieder aus. Auf diese Art verbreiten sich die Brombeeren. Da er fast ganzjährig wächst, hat der Brombeerstrauch Startvorteile gegenüber Konkurrenten aus dem Pflanzenreich und verhindert auf diese Weise, dass sich andere hier breitmachen können. Eine Strategie, die die Pflanze als Pioniergehölz der Waldlichtungen und Kahlschläge auszeichnet. Schon im zweiten Jahr erscheinen auf den Seitentrieben die ersten Blüten. Durch bis zu sechs Meter lange Ausläufer kann der Strauch rasch große Flächen einnehmen und auch an anderen Sträuchern und Bäumen emporklettern. Dabei helfen der Brombeere rückwärts stehende Stacheln an den Stielen und an den Blättern, die das Festhalten und Klettern erleichtern. Wo etwa an halbschattigen Waldrändern die Brombeeren wuchern, verweben sie so den Waldsaum regelrecht mit dem gleich dahinterliegenden Waldmantel. Das würden die wilden Brombeeren mit meiner Gartenhecke – die ja viele Elemente des Waldrandes enthält – auch machen, wenn ich nicht immer wieder lenkend eingreifen würde.

Das Gewächs stellt keine großen Ansprüche. Der Boden muss nur frisch und nährstoffreich sein. Neben den Bienen und Hummeln finden sich auch einzeln lebende Wespen oft an den weißen und rosa Blüten ein. Die Wespen ernähren sich nicht nur von den Früchten. Die Weibchen mancher Arten bauen ihr ein- oder mehrzelliges Nest in verdorrte, hohle Brombeerstängel älterer Sträucher. Das Ei wird an einem Faden aufgehängt. Die Speisekammer wird gleich in Form eines Beutetieres wie einem Käfer oder einer Blattwespe und deren Larven sowie Schmetterlingslarven angeschlossen. Die Beute lähmen die Wespen mit einem Stich. Auch haben viele Insekten die abgestorbenen Stängel zum Überwintern entdeckt. Die frischen Blätter hingegen nutzen verschiedene Schmetterlingsarten wie zum Beispiel der Brombeerzipfelfalter, der Brombeerperlmutterfalter, der Brombeerspinner oder die Brombeereule zur Eiablage. Dem sich entwickelnden Schmetterling gelingt es, auf originelle

Weise den Winter zu überdauern. Die Schmetterlingspuppe nistet sich zwischen zusammengesponnenen Blättern ein. So weiß die Natur fast alle Pflanzenteile der Brombeere zu ihrem Vorteil zu nutzen.

Dennoch versuche ich die Beere in Schach zu halten, zumal unser Opa Reinhold im Garten zwei Reihen Kultur-Brombeeren pflegt und uns die Beeren im Schälchen mundgerecht liefert.

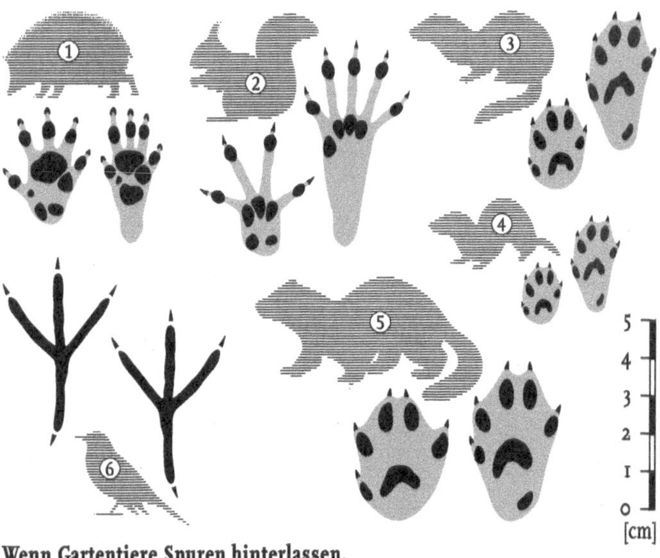

Wenn Gartentiere Spuren hinterlassen.
Ob im Winter oder nach Regen: Mitunter sieht man anhand der Spuren, welche Tiere des Nachts im Garten unterwegs waren. Selbst Igelspuren habe ich schon im Schnee gefunden: ① Igel ② Eichhörnchen ③ Wiesel ④ Mauswiesel ⑤ Steinmarder ⑥ Amsel

DAS BIOGARTENREZEPT DES MONATS AUGUST

Sugo Crudo

Sugo Crudo heißt eigentlich nichts anderes als rohe bzw. ungekochte Soße.

Zutaten (für 4 Personen)

- *1 Pfund Spaghetti (am besten natürlich solche, die mit Mehl aus dem Bioanbau hergestellt sind)*
- *ca. 6–8 Tomaten (je nach Größe)*
- *ein Bund frisches Basilikum*
- *100 g geriebener Parmesankäse*
- *ca. 8 El Olivenöl*
- *1–2 Zwiebeln*
- *12 Zehen Knoblauch*
- *Salz, Pfeffer*

Und so wird's gemacht:

Tomaten von den Kernen befreien und in kleine Würfel schneiden; ebenso die Zwiebeln und den Knoblauch würfeln. Basilikumblätter abzupfen, waschen und in Streifen schneiden. Alles in eine Schüssel geben. Mit dem Olivenöl so übergießen, dass die Tomaten vollständig bedeckt sind. Dann das Ganze ca. eine halbe Stunde ziehen lassen. Spaghetti kochen, Wasser abschütten und die heiße, noch dampfende Pasta zur Hälfte über die Soße geben, den geriebenen Parmesan darüberstreuen, dann wieder eine Schicht Spaghetti darübergeben, wiederum mit reichlich Parmesan bestreuen. Dann alles fünf Minuten ziehen lassen und danach gut mischen und servieren.

Ein herrliches Sommergericht, das ein Nudelgericht mit einem Salat verbindet und sich mit frischen Zutaten bei plötzlich eintreffenden Gästen auch schnell zubereiten lässt. Buon appetito!

September

Stahlblauer Himmel; ein letztes Mal – so scheint es – verwöhnt die Sonne Natur und Mensch. Morgens sind mit zarten Tautröpfchen die noch zarteren Spinnweben überzogen. Am Himmel ziehen die letzten Schwalben ihre Kreise. Bald werden auch sie weg sein. Die Stunden auf der Terrasse werden seltener, die Temperaturen kühler. Reiche Ernte ist angesagt. Zwetschgen, Äpfel, Birnen und Weintrauben scheinen davon abzulenken, dass sich die Natur auf die kalte Jahreszeit einstellt. Hagebutten, die Früchte des Weißdorns, der Schlehen und des Ligusters bieten zusammen mit Haselnüssen und anderen Früchten Wildtieren einen reich gedeckten Tisch.

DIE BLUME DES MONATS: EIN STERN BLÜHT AUF

Ein Stern strebt himmelwärts: Astern (*Aster*) können bis zu drei Meter hoch werden und bilden mit ihren sternchenförmigen Rosettenblättern ein ganzes Pflanzenuniversum im Garten. »Astrum« bedeutet Stern und weist auf die Form der Blüten hin. Die Zierpflanze läutet den Herbst im Garten ein, obwohl es auch Frühlingsastern gibt. »Sie kommt mir immer vor wie die kleine Schwester der Dahlie«, sagt meine Frau. Wenn die Blütenpracht der anderen Pflanzen zurückgeht, ist die große Stunde der Aster gekommen. Sie verwandelt den Garten noch einmal in ein Blumenmeer. Schmetterlinge und andere Insekten tummeln sich ausgelassen in der Blütenpracht. Denn jetzt werden Blütenpflanzen rar.

EINE BUCHE, DIE EINE BIRKE IST

Als wir unsere frei wachsende Hecke anlegten, haben wir auch eine Hainbuche gepflanzt. Hainbuchen haben ein besonders hartes Holz, deshalb hat man in manchen Gegenden früher besonders eigensinnige Leute auch als »Hagebüchene« bezeichnet. Noch heute liefern die Hainbuchen der Wälder (ähnlich wie die Esche) fast eisenhartes und doch elastisches Holz für die Schäfte von Äxten, Schaufeln und Spaten. Die Hainbuche verträgt als Baum des

Halbschattens, im Gegensatz etwa zur Eiche, auch während ihres Jugendwachstums, dass sie nur einen Teil des Sonnenlichts erhält. Ihr naher Verwandter, der Haselnussstrauch, verlangt da schon nach mehr Licht. Dadurch kommt auch an den Tag, dass der Baum einen falschen Familiennamen trägt. Er gehört nicht zur Familie der Buchengewächse, auch wenn er gelegentlich als Weißbuche bezeichnet wird. Das Schattengewächs reiht man als Pflanzensoziologe vielmehr bei den Birkenhölzern ein. Wegen der Ähnlichkeit seiner Blätter mit denen der Buche hat man dem Baum den täuschenden Namen gegeben. Nun unterscheiden sich beide Blattformen bei genauerem Hinsehen jedoch einwandfrei. Das Buchenblatt weist einen glatten Rand auf, während das Hainbuchenblatt doppelt gezähnt ist. Wo das Rotbuchenblatt seidig glänzt, fallen beim Weißbuchenblatt die vielen Falten zwischen den Seitenrippen auf. Für die Rinde gilt Ähnliches. Glatt und grau zeigt sich die Buche, die Rinde der Hainbuche hat eine deutliche Netzzeichnung.

Und nun zur fruchtbaren Seite des Baumes. Aus den Kätzchen der Hainbuche entwickeln sich Flügelfrüchte. Es sind Nüsschen, die auf einem braunen dreizackigen Deckblatt sitzen. Sie hängen zumeist in acht Paaren übereinander. Den Rest muss der Wind besorgen, sollen die kleinen Segelflugzeuge weit gleiten. Die Drehflügler können gut und gern eine Strecke von 70 Metern zurücklegen, während sie ein kräftiger Herbststurm sogar bis zu einem Kilometer weit wehen kann. Auch Nager oder der Eichelhäher verbreiten die Nüsse, wenn sie damit Vorratslager für den Winter anlegen und vergessen, sie dann auch zu fressen.

In den Alpen bleibt die Hainbuche unter der 900-Meter-Grenze, und selbst in den Mittelgebirgen endet ihr Vorkommen bei 400 Metern. Auch beim Wachstum weist der Baum keineswegs Rekorde auf. In seiner Jugend erreicht er in 15 Jahren gerade die Höhe von sechs Metern. Mit 90 Jahren hat er sein Höhenwachstum abgeschlossen und zeigt meist schon mit 110 Jahren die Wipfeldürre. Doch die Hainbuche hat auch Pluspunkte aufzuweisen. So ist sie sehr ausschlagfreudig, was sich bei den gestutzten Hainbuchenhecken in den Gärten beobachten lässt. Kommt sie zusammen mit der Eiche in sogenannten Eichen-Hainbuchen-Wäldern vor, so findet sich eine besonders reiche und vielseitige Lebensgemeinschaft ein. Das kommt daher, dass beide Bäume wegen ihrer unterschiedlich dichten Laubkrone auch unterschiedlich viel Sonnenlicht auf den Erdboden durchlassen. Dadurch gedeihen Licht liebendere Arten wie Farne direkt neben lichtscheuen Pflanzen wie etwa dem Sauerklee, der sich von selbst unter unseren Hainbuchen angesiedelt hat.

NACHTS AUS DEM HÄUSCHEN

Auch wenn sie sich – wie ihre gehäuselosen Verwandten – sofort über den frisch gesetzten Salat hermachen, gehören sie doch zu meinen Lieblingen: die Weinbergschnecken. Während ich Nacktschnecken schon mal bekämpfe (siehe Seite 45), würde ich es nicht fertigbringen, einer Weinbergschnecke etwas zuleide zu tun. Wenn ich das Gefühl habe, dass die Weinbergschnecken überhandnehmen, sammle ich einige davon ab und bringe sie hinaus an einen Waldrand oder an eine Feldhecke.

Die Weinbergschnecke ist Vorbild für vieles. Etwa für die Schneckennudel, das Schneckengetriebe oder die Schnecke einer Geige. Das spiralförmige Schneckengehäuse der Weinbergschnecke ist nicht starr, sondern wächst mit der Schnecke mit. Bei jungen Weinbergschnecken weist das dennoch kleine Gehäuse nur zwei Spiralumgänge auf. Mit dem laufend wachsenden Körper vergrößert sich die schützende Schale des Weichtieres, indem das Tier an der Gehäuseöffnung schmale Streifen aus Kalk ansetzt. Dabei ist die Behausung immer gerade so groß, dass sich die Schnecke

Kobolde der Nacht – wer sich nachts so im Garten umhertreibt:
① Haselmaus ② Gartenschläfer ③ Siebenschläfer ④ Großer Abendsegler
⑤ Spitzmaus ⑥ Igel ⑦ Wiesel ⑧ Steinmarder

vollständig darin verkriechen kann. Ist es dem Tier beispielsweise zu trocken, kann es sich in das Gehäuse zurückziehen und die Öffnung mit einer glasartigen Haut verschließen. Die Schnecke muss sich als Feuchtlufttier vor allzu großen Wasserverlusten schützen. Das ist auch der Grund, warum wir die Schnecken in der Regel tagsüber nicht sehen. Sie erscheinen erst in der Nacht bei höherer Luftfeuchtigkeit oder bei Regen. Nun gibt es Weinbergschnecken am – Weinberg. Daher hat sie ja ihren Namen. Weil es der Weinbergschnecke im warmen Rebenhang eigentlich zu trocken ist, sucht sie in den schattigen Fugen der Natursteinmauern Schutz. In den modernen flurbereinigten Weinbergen ist das jedoch nicht mehr möglich. Bleiben wir im Hausgarten: Die Ritzen dienen auch als Winterquartier.

Wenn die Vegetarierin nachts unterwegs ist, findet sie auch bei völliger Dunkelheit Nahrung, und zwar breitblättrige Pflanzen wie den Löwenzahn. Hierbei helfen viele Riechzellen in den Augenfühlern, der Haut sowie der Unterseite des Fußes. Die Blätter zerkleinert die Schnecke wie mit einer Raspel. Dabei hilft die Zunge mit winzigen Hornzähnchen. Bemerkenswert, die Fortpflanzung. Obwohl alle Schnecken Zwitter sind, also männliche und weibliche Geschlechtsorgane besitzen, kann man vor allem im Mai und Juni immer wieder zwei sich paarende Schnecken sehen. Es wird vermutet, dass der Kalkpfeil (Liebespfeil), den die Partner sich bei dem Spiel gegenseitig in die Weichteile stoßen, die Befruchtung anregt. Nach vier bis sechs Wochen bohrt die Weinbergschnecke durch windende Bewegungen eine bis zu sechs Zentimetern tiefe, rundliche Erdröhre in den Boden. In diese legt sie innerhalb von etwa 36 Stunden bis zu 70 Eier, die aus einer Öffnung an der Kopfseite herauskommen. Danach verschließt das Weichtier die kleine Erdhöhle wieder. Nach etwa 24 Tagen schlüpfen kleine Schnecken aus dem Ei, die zunächst Erde fressen. Durch die damit verbundene Kalkaufnahme (in Gegenden mit kalkfreien Böden gibt es so gut wie keine Häuschenschnecken), festigt sich das noch spröde Häuschen. Innerhalb von drei Wochen fressen sich die Jungen zur Erdoberfläche durch. Eine fünf Millimeter große Lücke am Ende der Erdhöhle genügt, und die Jungen sind frei – für das kriechende Leben auf einer Schleimspur.

Im Herbst

Der schöne Sommer ging von hinnen,
Der Herbst, der reiche, zog ins Land.
Nun weben all die guten Spinnen
So manches feine Festgewand.

Sie weben zu des Tages Feier
Mit kunstgeübtem Hinterbein
Ganz allerliebste Elfenschleier
Als Schmuck für Wiese, Flur und Hain.

Ja, tausend Silberfäden geben
Dem Winde sie zum leichten Spiel,
Sie ziehen sanft dahin und schweben
Ans unbewusst bestimmte Ziel.

Sie ziehen in das Wunderländchen,
Wo Liebe scheu im Anbeginn,
Und leis verknüpft ein zartes Bändchen
Den Schäfer mit der Schäferin.

Wilhelm Busch (1832–1908)

STACHELIGE GESELLEN

»Jetzt ist mein Ökogarten perfekt«, dachte ich, als ich feststellte, dass sich Igel im Garten angesiedelt hatten. Es war an einem lauen Spätsommerabend. Wir saßen mit Freunden bei einem üppigen Essen auf der Terrasse. Dann entdeckte Richard, dass sich etwas Dunkles vom Komposthaufen Richtung Gartenteich bewegte. Nachdem der Bewegungsmelder eine Gartenleuchte anmachte, entdeckten wir den Igel. Und plötzlich, eins, zwei, drei, kamen wie von einer Schnur gezogen drei Jungigel herbeigewuselt. Oft sind die Igel schon lange in Gärten ansässig, bis sie entdeckt werden. Denn zumeist sind sie nachts unterwegs und huschen bei vermeintlicher Gefahr schnell davon. Den Tag über verbringen die ulkigen Gesellen, die von fast 8000 Stacheln bedeckt sind und sich durch sie vor Gefahren schützen, in verborgenen Verstecken, wo sie eingekuschelt im Laub oder unter Zweigen den Tag verbringen. Die Igel sind erfolgreiche Nahrungssammler. Und so braucht ein Igel nicht lange zu suchen, bis er mit seiner rüsselförmigen Schnauze mit der feuchten Spürnase im welken Laub unter dem alten Birnbaum einen Laufkäfer aufspürt. Wenn der Igel einen Regenwurm – seine Lieblingsspeise – auch dann noch entdeckt, wenn dieser einige Zentimeter tief im Boden sitzt, so hängt das mit seinem doppelten Riechorgan zusammen. Zoologen fanden heraus, dass die Stacheltiere auch über den Mund riechen können. Um den Rachenraum sauber und frei zu halten, spuckt der Igel häufig aus. Bei diesem ausgesprochenen Sinn für Gerüche »schmeckt« er seine Partnerin bei Windstille auf eine Entfernung von immerhin 25 Metern. Bei der Suche nach Schnecken, Engerlingen und anderen Insektenlarven hilft ihm zusätzlich auch sein hochempfindliches Hörorgan, das Töne vernimmt, die wir Menschen nicht mehr erfassen können. Mit dieser Jagdausrüstung kann der Igel gut in der Nacht leben, obwohl die weitere Umgebung für den Stachelgesellen beschattet und farblos erscheint. Unentwegt läuft der Igel rasch unter Hecken, Sträuchern und Obstbäumen, so dass er auf der nächtlichen Beutesuche bis zu zwei Kilometer zurücklegt. Die Marschleistung kennt man deshalb so genau, weil man bei wissenschaftlichen Versuchen Igeln Sender anheftete. Mittels eines Funkempfangsgeräts konnte man so den Nachtschwärmer auf Schritt und Tritt verfolgen. Sollte ihm in der Dämmerung einmal noch eine Biene oder Wespe am Boden begegnen, so verspeist er diese auch. Völlig kalt lassen ihn dabei Stiche dieser Hautflügler. Käme ihm einmal eine Giftschlange über den Weg (die es in unseren Gärten nicht gibt, sondern nur in Moor und Heide), so würde ihm selbst die Giftdrüse, die er beim Sieg über den Feind anschließend auch verspeisen würde, nichts anhaben.

Bei seinem weiteren Nahrungsgang findet der Igel dank eines guten Ortsgedächtnisses spielend alle schon bekannten Schlupflöcher in den Zäunen der Gärten. Und so auch meine selbst geschaffene Igelpforte, mit der ich den Zaun für Wildtiere durchlässig gemacht habe. In seinem bis zu 500 Metern großen Revier um den Holzhaufen herum braucht er sich kaum vor Feinden zu fürchten. Wenn ihm eine junge Steinmarderin begegnet, hat er sich schon eingerollt, ehe sie ihn überhaupt beschnuppern kann. Die mit Stacheln dicht besetzte Rückenhaut macht ihn zur unangreifbaren Stachelkugel. Nur wir Menschen sind eine Gefahr. Obwohl Igel zu unseren Lieblingstieren gehören, werden sie oft Opfer unserer Zivilisation. Wenn sich Igel auf Straßen begeben, wo sich auf dem warmen Asphalt am Sommerabend viele Insekten tummeln, wird das Stacheltier leicht zum Opfer. Da nützt auch Jahrmillionen alte Verteidigungsstrategie nichts. Wenn der Asphalt bebt, rollt sich der Igel zusammen und wird leider viel zu oft überfahren. Aber auch die Ordnungsliebe mancher Menschen schadet ihm. Nimmt man ihm nämlich Stein-, Reisig- und Laubhaufen in den Gärten und an den Ortsrändern weg, so raubt man ihm Versteck- und Nahrungsmöglichkeiten. Diese braucht er auch für den Winterschlaf.

WENN DIE SUPPE AUF DEM KOMPOST WÄCHST

Wenn man einen offenen Kompostplatz besitzt – und dies ist am praktischsten –, kann man ihn den Sommer über dekorativ begrünen und noch etwas für die Küche tun. Man braucht nur zwei, drei Kürbispflanzen zu setzen, die schon bald den ganzen Komposthaufen bedecken und, wenn Bäume oder Sträucher in der Nähe sind, auch in deren Astwerk hochkriechen. Seit etwa 1990 erleben Kürbisse in Gärten, Parks und vor allem in der Gourmetküche eine wahre Renaissance. Ist das Kürbiskernöl aus der Steiermark schon seit längerem bekannt, so werden Kürbisse zu feinen Suppen verarbeitet, süßsauer eingelegt und zu allerlei Beilagengemüse verarbeitet. Seit der einst keltische Brauch Halloween über die USA bei uns Einzug gehalten hat, werden wie schon vor Jahrzehnten Kürbisse von den Kindern an Halloween (31. Oktober) ausgehöhlt und mit einem hineingeschnitzten Gesicht

Kohl und anderes Gemüse: ① Weißkraut ② Rotkraut ③ Wirsing ④ Blumenkohl ⑤ Blattkohl ⑥ Kohlrabi ⑦ Grünkohl ⑧ Rosenkohl ⑨ Spinat

Blattsalat, Wurzel- und anderes Gemüse aus Omas Biogarten:
① Gelber Bindesalat ② Moos-Endivie ③ Krause Endivie ④ Kopfsalat ⑤ Rapunzelsalat ⑥ Zwiebel ⑦ Porree ⑧ Mangold ⑨ Kohlrübe ⑩ Schneeballrübe ⑪ Mairübe

verziert. Bestückt mit einer Kerze entstehen so Kürbisgeister, die mehr lustig als schaurig sind.

Der Kürbis – in Österreich wird er auch Plutzer und in der Schweiz Bebe genannt – stammt aus den tropischen Regionen Amerikas. Der Feigenblattkürbis (*Cucurbita ficifolia*) ist etwa eine beliebte Nahrungspflanze der Inkas und wird in Peru, Mexiko und anderen mittelamerikanischen Ländern wohl schon seit 5000 Jahren in der Küche verwendet. Aus Peru stammt auch der Riesenkürbis (*Cucurbita maxima*). Und auch der Moschuskürbis (*Cucurbita moschata*) wird seit langem von den Menschen geschätzt. Archäologen fanden Nachweise aus der Zeit 3000 v. Chr. an der Küste Perus sowie aus der Zeit 4900 v. Chr. im südlichen Mexiko. Auch Zucchini sind Kürbisse aus der Familie *Cucurbita pepo*. Sie sind archäologischen Funden zufolge schon 2700 v. Chr. im Süden der heutigen USA und den Hochlagen Mittelamerikas angebaut worden. Kürbisfrüchte sind biologisch gesehen Beeren und wachsen bei uns nur in wärmeren Gegenden und auf Böden, die sich rasch erwärmen.

»Großer gelber Zentner« heißt die bei uns am weitesten verbreitete Kürbissorte. Sie kann bis zu 50 Kilogramm schwer werden. Kürbisse bilden sich aus den gelben Blüten an den Ranken, die sowohl links- als auch rechtswindend sind – also unterschiedliche Drehungen vollziehen – und viele Meter lang werden können. Die Ranken liegen wie bei den meisten Kürbisgewächsen, etwa den Gurken, am Boden oder sie klettern. Kürbisse werden spät im Herbst, vor dem ersten Frost, geerntet, wenn die Blätter schon welk sind.

Wie wär's mal mit eingelegten Kürbissen? Der Kürbis wird geschält, ausgekratzt und in kleine Würfel geschnitten. Je Kilo Fruchtfleisch nimmt man 1 Pfund Zucker, 30 Gewürznelken und 1 Stange Zimt. Einen Topf mit Essig füllen, Früchte dazugeben und kochen, bis die Kürbisstückchen glasig sind; heiß in Einmachgläser füllen und gut verschließen.

PANZERKNACKER MIT SECHS BEINEN

Die kleine Wegschnecke hat keine Chance mehr. Plötzlich ist der schwarze Läufer da und macht sich über seine Beute her. Das Opfer wird mit den starken Zangen überwältigt und zerstückelt. Der Käfer erbricht eine Flüssigkeit, mit der die Beuteteile vor der Nahrungsaufnahme zersetzt werden. So kann der nächtliche Räuber den Körperinhalt seines Beutetieres regelrecht aufsaugen.

Der Lederlaufkäfer ist mit vier bis fünf Zentimetern Länge ein wahrer Goliath der Insektenwelt im Garten. Ich kann es förmlich riechen, wenn ein Lederlaufkäfer in der Nähe ist, weil diese Tiere einen ganz eigenartigen Geruch verströmen. Bei vermeintlicher Gefahr spritzen sie ein stinkendes Sekret aus einer Hinterleibsdrüse. Nachts gehen die schnellen Lederlaufkäfer auf Beutesuche und vertilgen neben Schnecken und Würmern vor allem Raupen und Käfer. Dadurch können sie auch die Populationen von Kartoffelkäfern in erträglichen Grenzen halten. Diese tiefschwarzen Laufkäfer betätigen sich sogar als Panzerknacker, indem sie ihre scharfen Zangen als Werkzeug benützen, um kleinere Schneckenhäuser aufzubrechen.

Der Lederlaufkäfer ist, ebenso wenig wie der etwas kleinere Goldlaufkäfer, kein bösartiger Räuber, denn ihm ist diese Rolle im ökologischen System zugedacht. Wie alle Jäger im Tierreich holt er sich nur das, was er für seine eigene Existenz braucht. Und in dieser Funktion sorgen solche Jäger unter den Tieren – egal ob es sich um Insekten oder Greifvögel handelt – eben für das natürliche Gleichgewicht.

Fällt dieses naturgegebene Regulativ weg, dann können sich andere Tiere so stark vermehren, dass sie zu Schädlingen werden. Wir können im Garten aber nicht erwarten, dass sich Lederlaufkäfer, Florfliege, Marienkäfer, Schwebfliege und Ohrwurm zusammen mit Wildbienen, Schlupfwespen und anderen Insekten nützlich machen, wenn wir ihnen die notwendigen naturnahen Refugien aus falsch verstandenem Ordnungssinn vorenthalten. Ökogarten heißt also in erster Linie mehr Mut zur Natur.

DAS BIOGARTENREZEPT DES MONATS SEPTEMBER

Hollerschmarrn

Ob Holler wie im Bayrischen oder im Österreichischen oder Holunder in anderen Regionen: Die schwarzen Beeren des an Waldrändern und Hecken gedeihenden und schon seit Jahrhunderten in den Gärten gepflanzten Schwarzen Holunders (*Sambucus nigra*) eignen sich nicht nur für köstliche Holundermarmelade, sondern auch als Zutat für Holunderschmarrn.

Zutaten (für 4 Personen)

- *ca. 100 g Holunderbeeren*
- *50 g Butter*
- *0,1 l Milch*
- *60 g Mehl*
- *70 g Zucker*
- *½ Tl Vanillezucker*
- *¼ Zitrone, abgerieben*
- *1 Prise Salz*
- *4 Eigelb*
- *4 Eiweiß*
- *etwas Puderzucker*
- *Vanillesauce*
- *Vanilleeis*

Und so wird's gemacht:

Von der Butter ca. 30 g schmelzen und mit der Milch, dem Mehl, 30 g Zucker, dem Vanillezucker, der Zitronenschale und dem Salz glatt rühren. Dann das Eigelb dazugeben und alles nochmal glatt rühren. Anschließend das Eiweiß mit dem restlichen Zucker steif schlagen und vorsichtig unter die Masse heben. Die restliche Butter in einer Pfanne heiß werden lassen, die Masse hineingeben, mit den gewaschenen und abgetrockneten Holunderbeeren bestreuen. Mit einem Deckel verschließen und bei 200 Grad für zehn bis 15 Minuten in den vorgeheizten Backofen schieben.

Herausnehmen, mit zwei Gabeln in Stücke zerreißen und mit Puderzucker bestreuen.

Mit Vanillesauce und Vanilleeis servieren.

Oktober

Dunkelrot, orange, braun, gelb; mit bunter Farbenpalette nehmen Bäume und Sträucher vom aktiven Gartenjahr Abschied und bereiten sich auf die vegetationsarme Jahreszeit vor. Und doch schenkt die Natur noch immer Früchte. Jetzt ist die Zeit des Ackersalats und der Zwiebel- und Lauchkuchen gekommen. Vielfalt gerade auch in der Küche und ihren regionalen Ausprägungen, saisonale Leckereien zuzubereiten. Jetzt wird es aber Zeit, nicht winterharte Pflanzen wie Dahlien aus der Erde zu nehmen.

DIE BLUME DES MONATS: DER BLÜHENDE BESUCHERMAGNET

Es mag einige Tausend Sorten geben, die Fülle der Variationsmöglichkeiten scheint schier unendlich. Meine Oma Mina hatte gut und gerne ein Dutzend verschiedene. Im späten Herbst kamen sie zum Überwintern in den Keller. »Welch ein Aufwand für ein paar Blumen!«, dachte ich als Kind. Heute sehe ich das anders, sind doch Dahlien für mich auch eine blühende Erinnerung an früher geworden. Dahlien (*Dahlia*) sind schon lange die Lieblinge der Züchter und im Herbst ein blühender Besuchermagnet für Blumenfreunde. So geht's auch anderen: Da wird selbst mein sonst immer nörgelnder Freund Werner ganz zahm, wenn er seine akkurat nach Ingenieursart gepflanzten Dahlien im Garten vorzeigen kann. Überall im Land gibt es Dahlienfeste, Zuchtshows und Ausstellungen. Die Menschen strömen in Dahliengärten und bewundern die Farbkombination und Formvielfalt des Korbblütlers. »Doch schon bald müssen wir die Knollen zum Überwintern ins Haus holen«, erinnert meine Frau immer im Oktober. Ursprünglich sind Dahlien in Mexiko heimisch.

EIN GEFÜHL VON WEINBERG

Als Weinfreund habe ich immer mal wieder mit einem eigenen Weinberg geliebäugelt. Doch dafür habe ich einfach zu wenig Zeit. Und dann müsste ich ja meinen Hausgarten vernachlässigen, und das kommt schon gar nicht infrage. Um wenigstens das Gefühl zu haben, in einer Weinlaube, im ursprünglichen Sinn des Wortes, zu sitzen, habe ich mir dann an die Hauswand eine Weinrebe gepflanzt. Heute gibt es resistente Sorten, die keine Pflanzenschutzmittel benötigen und durchaus schmackhafte Trauben hervorbringen. Diese sind natürlich nicht für die Weinbereitung, sondern nur als Speisetrauben geeignet. Weinreben eignen sich bestens für die Fassadenbegrünung und letztlich reichen ein paar Winkeleisen als Abstandshalter zur Hauswand und die passenden Spanndrähte. Entsprechende Sets gibt es mittlerweile schon (natürlich nicht nur für Weinreben, sondern auch für andere Rankpflanzen) in Baumärkten. Unser Weinstock erstreckt sich jetzt auf einer Länge von gut 13 Metern und umschließt die Terrasse. Würden wir ihn nicht jedes Jahr entsprechend einkürzen und wären Rankhilfen vorhanden, so wäre er wohl schon zwei- bis dreimal ums ganze Haus gewachsen. Weinreben entwickeln eine enorme Wuchskraft, und es ist schon erforderlich, den Sommer über die einzelnen Zweige immer wieder abzubrechen. So machen es auch die Winzer, denn schließlich soll die Kraft der Sonne über den Weinstock in die einzelnen Weintrauben gehen und nicht in unnötiges Blattwerk. Seit Jahrtausenden setzen sich die Menschen mit Reben und dem Weinbau auseinander. Schon der römische Naturforscher Plinius zählte im ersten Jahrhundert nach der Zeitenwende 91 Sorten auf, heute kennt man weltweit 8000 Rebsorten, eingeordnet und systematisiert in Kleinarten, Rassen und Abänderungen.

An Rhein und Mosel stehen die Rebstöcke seit 18 Jahrhunderten. Römische Händler, Kolonisten und Soldaten haben vermutlich im zweiten Jahrhundert nach Christus den Weinbau hier eingeführt. Die griechische Variante der Rebstockpflanzung hatten schon vorher die Phönizier von Marseille aus zumindest bis in das obere Elsass gebracht. Das belegen Funde antiker Rebmesser, die nicht die italienische, sondern die griechische Form besaßen. Wurde der Weinbau nach der Römerzeit stellenweise aufgegeben, so erfolgte eine Wiederbelebung im Mittelalter. Burg-, Schloss- und Landesherren förderten den Weinbau weiter. Karl der Große etwa erließ in seiner Landgüterverordnung – »Capitulare de villis et curtis imperialibus« – schon um 813 genaue Anweisungen für den Weinbau. Und schließlich spielten auch die Klöster bis ins 19. Jahrhundert hinein eine bedeutende Rolle bei der Anpflanzung der Reben und waren die eigentlichen Zentren der Weinkultur. Sie hatten sich vor allem bei der Erschließung und Terrassierung neuer Gebiete große Verdienste erworben. Noch heute sind beim größten erhaltenen Zisterzienserkloster nördlich der Alpen, in Maulbronn (Enzkreis), die historischen Weinberge der Mönche erhalten. Sie sind ein Teil des Weltkulturerbes »Kloster Maulbronn«. Ende des 19. Jahrhunderts erlitt der Anbau einen großen Rückschlag, als sich die aus Amerika eingeschleppten Schädlinge Reblaus, Mehltau und Peronospora ausbreiteten. Die Weinwirtschaft Europas hat sich dank resistenter Rebunterlagen zwar davon erholt, doch wurde die ursprüngliche Ausdehnung der Rebgebiete nie mehr erreicht. Noch heute sieht man in manchen Gebieten Süddeutschlands terrassierte Grundstücke mit Trockenmauern, auf denen Obstbäume wachsen. Hierbei handelt es sich meist um ehemalige Weinberge; denn nur die optimalsten Lagen wurden nach Reblaus und Peronospora wieder in Kultur genommen.

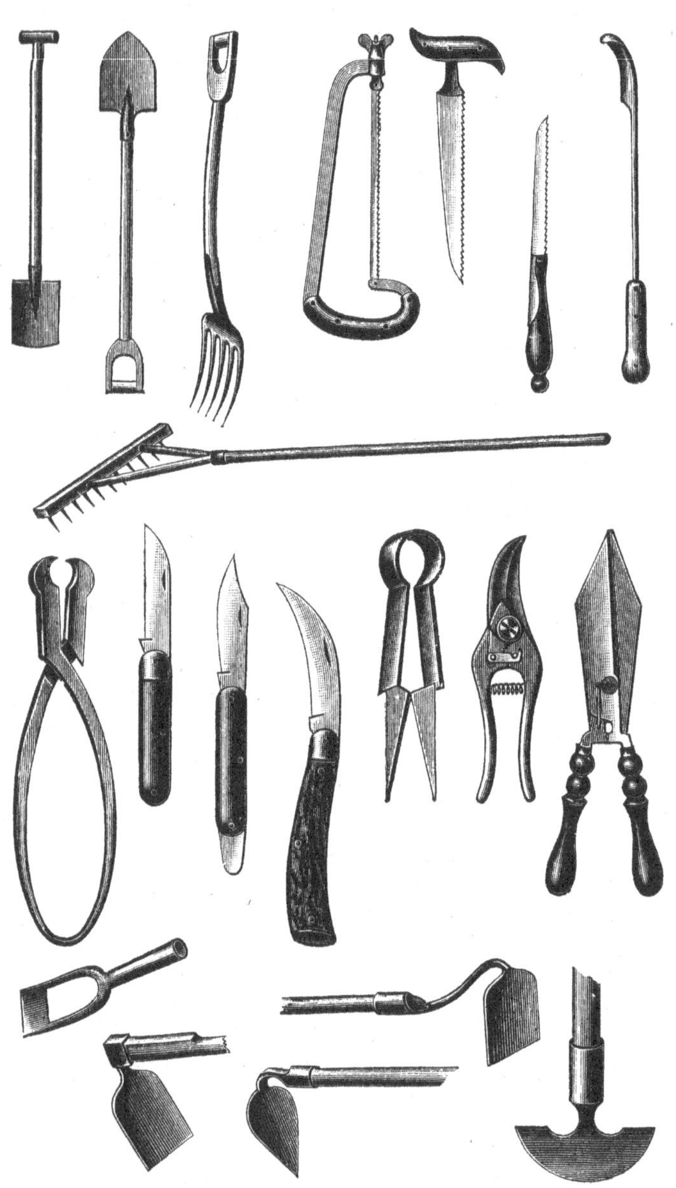

So aktuell wie damals – Gartengeräte aus alten Zeiten.

Heute finden sich Weinbaugebiete entlang des Rheins mit den Rheingauweinen, den rheinhessischen, pfälzischen sowie badischen Weinen, an der Mosel, Ruwer oder Saar mit dem Moselwein, am Main mit den Frankenweinen, am Neckar und in den Seitentälern mit den Württembergern und darüber hinaus an vielen anderen Flüssen wie Elbe, Saale und Unstrut, wobei es sich bei letzteren um kleine Anbaugebiete handelt. In der Schweiz liegen die Hauptweinbaugebiete am Genfer See und in den Kantonen Neuenburg, Tessin, Waadt und Wallis, während in Österreich, wo man von Weingärten spricht, die Trauben am Ostabfall des Wiener Waldes, des Leithagebirges im Burgenland, des Manhartsberges, in der Wachau und im mittleren Murtal reifen.

Alle europäischen Kultursorten der Weinrebe gehen übrigens auf die formenreiche europäisch-vorderasiatische Wildrebe zurück, eine Liane des feuchten Auwaldes. Diese Wildrebe ist einhäusig, das heißt, männliche und weibliche Blüten wachsen bis auf wenige Ausnahmen auf einer Pflanze; die Kulturreben dagegen sind zweihäusig. Wildreben aus dem Donauraum sind die Vorfahren des Silvaners, einer ebenfalls alten und stark zurückgegangenen Sorte, sowie des Lembergers und vermutlich auch des Blauen Portugiesers. Riesling und Traminer hingegen stammen mit großer Wahrscheinlichkeit von Wildreben des Rheintales ab. Der großbeerige, meist in Württemberg angebaute Trollinger ist noch italienischer Herkunft. Wie sein alter Name »Tirolinger« schon sagt, kam er über Tirol nach Deutschland. Der Gutedel stammt sogar aus Ägypten. In der Oase Fayum soll es heute noch ein wildes Vorkommen dieser Reben geben. Aber wer weiß, vielleicht wurde sie einst von den Römern dorthin verbracht.

Anders als die in Auwäldern gedeihende wilde Weinrebe vertragen die Abkömmlinge viel Trockenheit. Der Weinstock braucht ein ausgeglichenes, sonniges Klima, lange Sommer müssen ihm viel Wärme geben. Gegen Spät- und Frühfröste sowie kalte Winter und übermäßigen Regen ist er empfindlich. So setzt das Klima dem Weinbau Grenzen – nicht jedoch der Verbreitung der abgefüllten edlen Weine. Eine merkwürdige Erscheinung sind die zumeist zweizinkigen Greifranken. Sie stehen wie die Blütenstände den Blättern gegenüber und vollführen suchende Kreise. Sobald sie einen festen Gegenstand erreicht haben, schlingen sie sich innerhalb einer Stunde um diesen und verankern sich mit einer Spirale. So wie ich es auch an meinem Weinstock in jedem Frühjahr aufs Neue beobachten kann.

Herbst

Wenn ich an einem schönen Tag
Der Mittagsstunde habe acht,
Und lehne unter meinem Baum
So mitten in der Trauben Pracht.

Wenn die Zeitlose übers Tal
Den amethistnen Teppich webt,
Auf dem der letzte Schmetterling
So schillernd wie der frühste bebt.

Dann denk' ich wenig drüber nach,
Wie's nun verkümmert Tag für Tag,
Und kann mit halbverschlossnem Blick
Vom Lenze träumen und von Glück.

Du mit dem frisch gefallnen Schnee,
Du tust mir in den Augen weh!
Willst uns den Winter schon bereiten:
Von Schlucht zu Schlucht sieht man ihn gleiten,
Und bald, bald wälzt er sich herab
Von dir, o Säntis! ödes Grab!

Annette von Droste-Hülshoff (1797–1848)

DIE URAHNEN UNSERER APFELBÄUME

Für mich ist es selbstverständlich, den alten Apfelbaum im Garten ebenso zu pflegen wie die einst vom Urgroßvater, Großvater und Vater gepflanzten Bäume außerhalb der Ortschaft. Dort hat unsere Familie seit langem zwei Obstgärten, die bei genauer Betrachtung gleichermaßen Natur- wie Kulturerbe sind.

Vor einigen Jahren habe ich mich mal mit der wilden Verwandtschaft der Apfelbäume beschäftigt. Im Gegensatz zu den Gehölzen der Streuobstwiesen und der Hausgärten wächst der Wildapfel nicht auf freiem Feld, sondern an lichten, sonnigen Waldrändern. Zu finden sind Wildäpfel vor allem an felsigen und mageren Hängen mit viel Sonneneinstrahlung. Also solche Stellen, wo sich nur Spezialisten den unwirtlichen Lebensbedingungen stellen können. In diesen Trockenwäldern erscheint der Wildapfel als dorniger, stark verzweigter Strauch oder als bis zu neun Metern hoher Baum. Wildäpfel blühen erst Ende Mai. Im Herbst reifen dann die grünen bis gelben Früchte heran, die sehr sauer und herb schmecken. Was an solchen warmen Waldrändern oder an Gebüschen wächst, ist die wichtigste Urform der heutigen Kulturapfelsorten. Die Stammart kommt heute noch in vielen Teilen Europas vor, und ihre Früchte nützen schon seit rund 7000 Jahren uns Menschen.

Zu den heutigen Apfelsorten dürften auch vorderasiatische Formen mit ihrem Erbgut beigetragen haben. Diese Bäume kamen vermutlich vor 5000 Jahren über die Syrer aus Kleinasien nach Ägypten. Danach brachten die Römer verschiedene Sorten nach Mitteleuropa. Die Menschen behielten jedoch den germanischen Namen *ap-a-la* bei, während alle anderen Früchte eine lateinische Bezeichnung erhielten. Mit dem eigenständigen Namen meint man einen weiteren Beleg in der Hand zu haben, der die besondere Bedeutung des Holzapfels in der Stammesgeschichte des Apfels untermauert. Dies liefert wiederum Stoff bei der Suche nach dem Garten Eden. Zumindest ist unstrittig, dass das Rosengewächs als Symbol des Guten und zugleich Bösen gilt und als eine runde Sache Vollkommenheit veranschaulicht. Dabei soll der Apfel, mit dem die Schlange Eva verführte, vermutlich nicht der uns bekannte Apfel gewesen sein. So manche alten Darstellungen zeigen nämlich Eva mit Granatapfel. Der hat jedoch mit unseren Äpfeln nichts zu tun. Welcher Apfel auch immer: Seine Symbolik war Kaisern und Königen des Mittelalters Grund genug, einen Reichsapfel als Kleinod zu besitzen. Der Apfel galt damals als Sinnbild für unumschränkte Macht und wurde gerade in Auwäldern von Förstern und Waldbauern gefördert. In Spanien pflanzen Naturschützer im Bereich der Kantabrischen Gebirgskette heute vorzugsweise Wildäpfel an, damit für die letzten spanischen Bären im Herbst und Winter der Tisch wieder besser gedeckt ist. Wenn im Winter für viele Tiere Nahrungsengpass herrscht, so erweisen sich die Früchte unter dem Wildapfelbaum als ganz besonders nützlich. Selbst der Waldkauz profitiert vom Baum, denn er holt sich hier ab und zu eine apfelessende Maus.

> ***Wie wär's mal mit gedörrten Apfelringen?***
> Die geschmacklich besten Äpfel stammen immer noch von den altbewährten Hochstämmen einheimischer Obstgärten. Sie enthalten viel Vitamin C. Man schält die Früchte und sticht das Kerngehäuse heraus. Dann kann man den Apfel in Scheiben schneiden und im warmen Backofen bei 50 Grad mehrere Stunden trocknen lassen. Die Ringe kann man aber auch an einer Schnur über dem Kachelofen dörren. Das gibt nicht nur einen würzigen Zimmerduft, sondern auch tolle Trockenfrüchte für die Winterzeit.

MAUERN – FELSEN IM MINIFORMAT

»Nicht schon wieder«, riefen unsere Kinder, als sie noch klein waren und ich – egal ob an den Weinbergen entlang des Rheins oder des Neckars, irgendwo in alten Dörfern und den mittelalterlichen Städtchen Italiens oder auf der Kanareninsel La Gomera – immer wieder auf die uralten, sorgfältig ohne Mörtel zusammengefügten Natursteinmauern, die nicht selten pittoreske Terrassenlandschaften bilden, hingewiesen habe. Schon als kleines Kind habe ich mich für altes Gemäuer und damit auch für Trockenmauern begeistert. Obwohl unser Hausgarten am leichten Hang liegt, ist er nicht so steil, dass er terrassiert werden müsste. Trotzdem war es für mich eine Selbstverständlichkeit, einige Trockenmauern anzulegen. Sie gliedern auf naturnahe Weise das Gelände und bieten einer interessanten Tier- und Pflanzenwelt vielfache ökologische Nischen.

Für mich sind Natursteinmauern schon immer Kunstfelsen im Kleinen. Und spätestens seit die Römer die Kenntnis des Bauens mit Steinen über die Alpen brachten, bestimmen Mauern ja auch als Abgrenzungen oder Böschungsstützen das Bild menschlicher Siedlungen. Natürlich gibt es sehr viele unterschiedliche Mauern, z.B. aus Kalk-, Granit- oder Sandsteinen. Werden die Steine ohne Mörtel – also »trocken« – aufeinandergesetzt, dann wird dieselbe Bauweise wie schon vor mehr als 2000 Jahren praktiziert. Solche fugen-, ritzen- und spaltenreiche Mauern können (nicht nur) im Garten für viele Pflanzen, die aus natürlichen Felsstandorten eingewandert sind, einen idealen Lebensraum darstellen. So sieht man etwa an alten Friedhofs- oder Burgmauern mitunter kleine Farnbüschel, die sogar aus trockenen Mauerritzen hängen. Bei starker Sonneneinstrahlung sehen die graugrünen Pflänzchen schon recht vertrocknet aus. Aber das ist nur die Überlebensstrategie der Mauerraute. Wären die nur zwischen fünf und zehn Zentimetern langen Blättchen nicht zusammengeschnurrt, würde die Pflanze schnell austrocknen, denn an heißen Sommertagen kann die Temperatur an der Oberfläche von Mauersteinen bis zu 70 Grad Celsius erreichen. Durch das Zusammenziehen verkleinert die Mauerraute ganz einfach ihre Blattoberfläche und schützt sie so vor Verdunstung.

Ähnlich kann sich auch ein anderer Kleinfarn am Minifelsen halten. Der Braune Streifenfarn rollt bei starker Sonnenbestrahlung die kleinen Blättchen ganz eng zusammen.

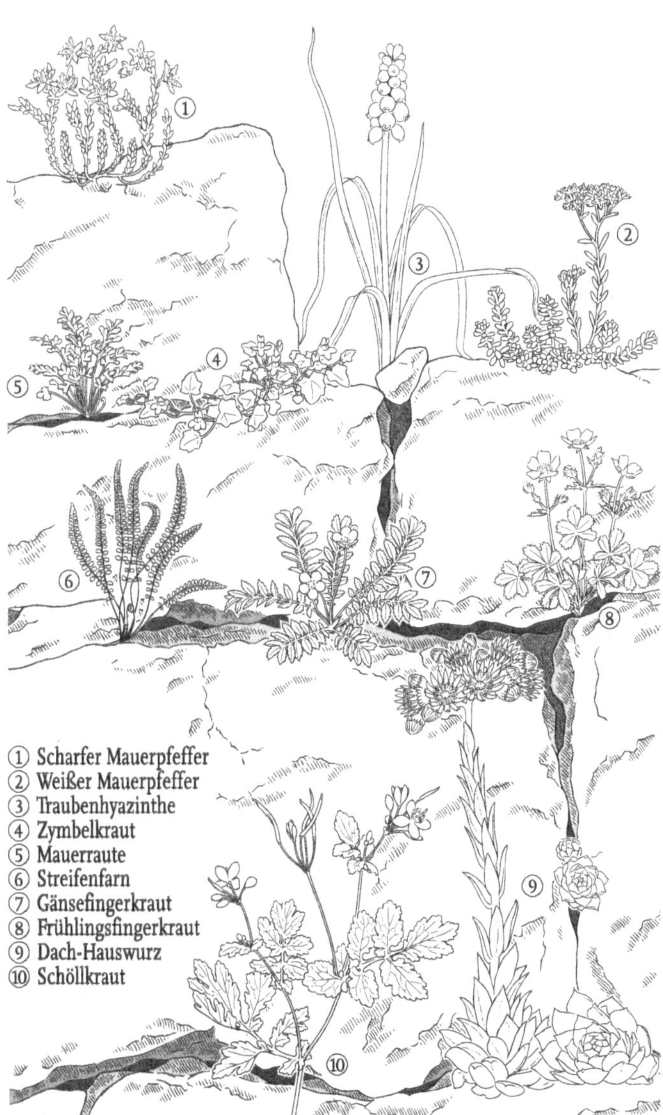

Leben im Extremen: Trockenmauern sind Felsen im Miniformat.
Im Garten lassen sich Überlebenskünstler ansiedeln (keinesfalls der freien Natur entnehmen). Deshalb Pflanzen mit Nachbarn oder anderen Gartenbesitzern tauschen oder im Fachhandel erwerben. Manches kommt auch von selbst.

Leider gibt es diese Kleinfarne nicht zu kaufen. Man braucht also Geduld, bis er sich ansiedelt. Ich habe mir schon vor 25 Jahren einen Schriftfarn – das ist der Dritte im Bunde – aus Südfrankreich mitgebracht, wo ich in einem provenzalischen Dorf große Populationen vorfand. Die wenigen heimischen Vorkommen sollten wir natürlich in Ruhe lassen. Auch gibt es genügend andere Mauerblümchen, die sich nicht zu verstecken brauchen. So das an Mauern vorkommende Frühlingsfingerkraut, eine der ersten Blütenpflanzen im Frühjahr. Auch die Pflanze hat eine Überlebensstrategie für die Existenz am »Fels« entwickelt: Das Frühlingsfingerkraut ist mit einem rosettenartigen Polsterbewuchs ausgerüstet, der den Wurzelansatz vor der Hitze schützt. Außerdem ist die Wurzel des Frühlingsfingerkrauts so lang, dass sie durch die Fugen der Mauer bis in das dahinterliegende Erdreich vordringt und so die Pflanze mit Nährstoffen versorgen kann. Viele mauerbewohnende Gewächse können Wasser in ihren walzenförmigen und oft mit einer verdunstungshemmenden Wachsschicht überzogenen Blättern speichern.

Botaniker nennen solche Pflanzen »Blattsukkulenten«. Dazu gehören der scharfe und weiße Mauerpfeffer sowie die verschiedenen Fetthennenarten. Ein typischer Wasserspeicher ist auch die rosettenartige Hauswurz, die man früher oft in die Mauerfugen und sogar auf Hausdächer gepflanzt hat. Manche Pflanzen, die ursprünglich keine Fels- oder Steinflur bewohnen, können an den Mauern überdauern, weil sie durch verholzte untere Stängelteile gegen Verbrennung geschützt sind. Dazu gehört der Wilde Majoran, der sonst auf sonnigen und mageren Böschungen und Halbtrockenrasen wächst, sowie der Dornige Hauhechel und der Quendel. Manche pflanzliche Mauerbesiedler schützen sich durch starke Blattbehaarung vor dem Austrocknen. So etwa der blau blühende Natternkopf, der wie die Königskerzen oft auf Mauerkronen wächst.

Mein Schriftfarn – der sein Hauptverbreitungsgebiet im Mittelmeerraum hat – dreht als Sonnenschutz bei zu großer Hitze seine behaarten Blattunterseiten nach oben.

Wie kommt das Pflänzchen in die Mauerritze?

Es ist schon kurios, wie manche Pflanzen in die Mauerritzen kommen, obwohl die Samen auf den angrenzenden Weg, in das Gras oder Gemüsebeet fallen – sie werden regelrecht von Ameisen transportiert. Verschiedene Pflanzensamen besitzen nämlich fett- oder stärkehaltige Anhängsel, die von den Ameisen als Abwechslung auf ihrem Speiseplan sehr geschätzt werden. Mit den Anhängseln aber verschleppen die Ameisen auch die Samen etwa vom Schöllkraut, vom Ackerhornkraut und von der Schafgarbe in Spalten und Ritzen von Mauern. Dort bleiben die abgefressenen Samen liegen und können bei günstigen Bedingungen auskeimen.

Das Zymbelkraut – ein ganz typischer Mauerbewohner – hat eine spezielle Einrichtung zur Verbreitung seiner Samen. Nachdem die Blüten befruchtet worden sind, wächst der heranreifende Fruchtstand vom Licht weg und neigt sich in Richtung Mauerspalten. Damit ist gewährleistet, dass ein Großteil der Samen in die Spalten fällt und dort günstige Bedingungen für die Keimung findet. Ursprünglich stammt das Zymbelkraut aus dem Mittelmeergebiet, und man vermutet, dass es von dort einst als Zierpflanze nach Mitteleuropa gebracht wurde. An den Trockenmauern geben sich wie im gesamten Garten also Natur und Kultur die Hand.

Natürliches Baumaterial, künstlich zusammengefügt, schafft neue Strukturen und wird für Wild- und Zierpflanzen zur Heimat. Dies zeigt sich vor allem, wenn typische Gartenblumen den Mauerpflanzen Gesellschaft leisten. So wachsen an alten Mauern auch bunt gefärbte Löwenmäulchen und der Goldlack. Dutzende verschiedene Pflanzenarten können eine Mauer besiedeln.

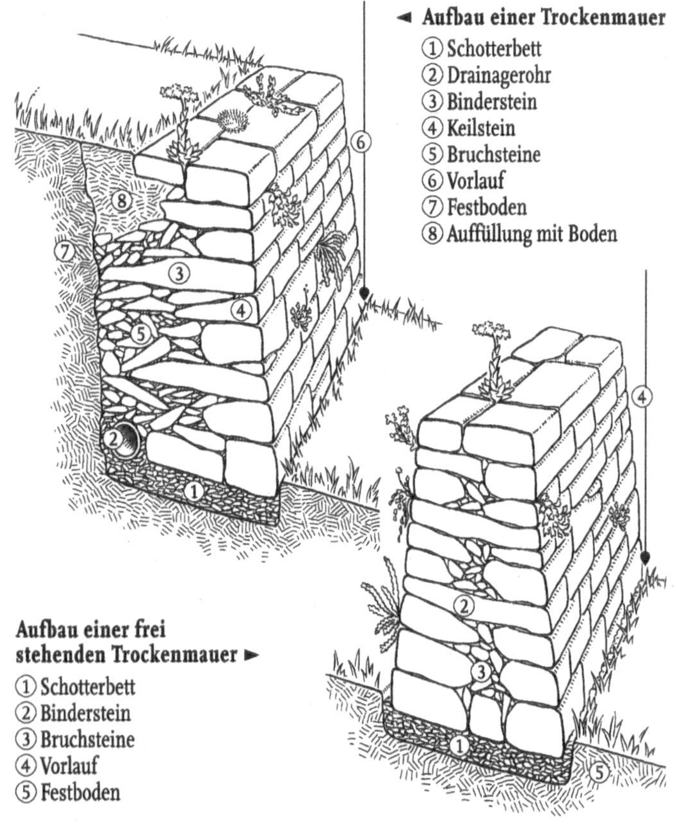

◄ Aufbau einer Trockenmauer

① Schotterbett
② Drainagerohr
③ Binderstein
④ Keilstein
⑤ Bruchsteine
⑥ Vorlauf
⑦ Festboden
⑧ Auffüllung mit Boden

Aufbau einer frei stehenden Trockenmauer ►

① Schotterbett
② Binderstein
③ Bruchsteine
④ Vorlauf
⑤ Festboden

Aber auch Tiere finden sich an und zwischen den Steinen. Am auffälligsten sind die Eidechsen, für die es hier nicht nur sonnige Ruheplätzchen, sondern auch Versteckmöglichkeiten gibt. Wer entsprechende Mauern in seinem Garten und etwas Glück hat, kann je nach Gegend die grünlichen Zauneidechsen oder die braungrauen schlanken Mauereidechsen beobachten. Irgendwie wirken sie auf mich immer wie Minisaurier und damit Botschafter einer längst vergangenen Zeit. Es versteht sich von selbst, dass Eidechsen – sie sind ohnehin geschützt – nicht angesiedelt werden. Dies ist ohnehin verboten und verträgt sich nicht mit der Philosophie eines Biogartens.

Weniger beachtet als Eidechsen werden meistens die zahlreichen Insektenarten an der Mauer. Auch unter ihnen gibt es Schlupf- und Grabwespen. Die meisten Arten leben als richtige Einsiedler und beziehen oft die Hohlräume zwischen den Mauersteinen. Manchmal werden in erdgefüllte Mauerfugen auch kleine Brutkammern gegraben, die nach dem Eintragen von Futter und der Eiablage sorgfältig verschlossen werden. Als Baumaterial dienen Sandkörner oder kleine Lehm- und Pflanzenteilchen. Viele Wildbienen sind wieder auf ganz bestimmte Pflanzenarten spezialisiert und tragen somit zur Bestäubung bei. Zwischen den Mauerbewohnern und ihrer Umgebung gibt es also viele ökologische Verflechtungen. Deshalb verlassen wir mal unseren lieb gewordenen Naturgarten und schauen uns an Ruinengemäuern um. Dort wird dies noch augenfälliger. Denn wegen der größeren und meist auch vielfältiger gestalteten Mauerflächen – als dies in einem normalen Hausgarten machbar ist – gibt es reichhaltigere Strukturen. Die vielen Fugen, Vorsprünge, Nischen und Mauerlöcher bieten neben Fledermäusen auch etlichen

Vogelarten ökologische Nischen. Typische Kulturfolger sind dabei Turmfalke, Mauersegler, Dohle und Hausrotschwanz. Ihre Nahrung suchen die Vögel in der näheren und weiteren Umgebung. Oft sind Ruinenareale letzte Zufluchtsstätten für mauerbewohnende Tiere und Pflanzen. Keineswegs müssen es immer wärmeliebende Arten sein; man denke nur an die dunkelgrünen Efeuvorhänge an schattigen und etwas feuchteren Mauerflächen.

DAS BIOGARTENREZEPT DES MONATS OKTOBER

Kürbiscremesuppe mit Kapuzinerkresseblüten

Der Kürbis – und hier gibt es ja viele Sorten – ist für mich die innige Verbindung zwischen Sommer und Herbst. Bis in den tiefen Winter hinein kann man die Früchte an kühlem Ort aufbewahren und leckere Gerichte daraus zaubern. Eines meiner Lieblingskürbisgerichte ist die Kürbiscremesuppe. Dafür gibt es viele Variationsmöglichkeiten. Hier mein Favorit:

Zutaten (für 6 Personen)

- ca. 1,2 kg Kürbisfleisch
- 1 mittelgroße Zwiebel
- 1 Knoblauchzehe
- ca. 30 g Butter
- Fleisch- oder Gemüsebrühe
- etwas geriebene Muskatnuss
- etwas frischer Ingwer
- 5 ml Sherry
- 1 Becher Sahne
- Salz und Pfeffer
- 10–12 Blüten der Kapuzinerkresse

Und so wird's gemacht:
In einem großen Topf werden die Kürbiswürfel, die klein geschnittenen Zwiebeln und der klein geschnittene Knoblauch (es geht natürlich auch ohne) mit der Butter etwa 15–20 Minuten gedünstet. Nach Bedarf wird Fleisch- oder Gemüsebrühe hinzugefügt und dabei der Kürbis weichgekocht. Später den Sherry und etwas frisch geriebenen Ingwer (Achtung: Nicht zu hoch dosieren, sonst wird der Ingwergeschmack zu dominant!) dazugeben. Alles fein pürieren (Stabmixer). Mit Sahne abschmecken, nochmals kurz aufkochen. Mit den Blüten der Kapuzinerkresse dekorieren und heiß servieren. Mitunter hat man bis in den Oktober hinein noch an der einen oder anderen Stelle des Gartens die hellblau leuchtenden Blüten des Borretsch (Gurkenkraut) zur Verfügung. Auch diese Blüten eignen sich nicht nur zum Dekorieren der Kürbiscremesuppe, sondern – ebenso wie die Blüten der Kapuzinerkresse – zum Essen.

Kürbiscremesuppen sind mit vielerlei Zutaten kombinierbar. Dazu passen auch frisch angeröstet Brotwürfel (Croûtons), gebackenes und entsprechend zugeschnittenes Kalbsbries und – das ist fast schon ein Muss – angeröstete Kürbiskerne. Überhaupt empfiehlt es sich kurz vor dem Servieren der Kürbiscremesuppe, diese mit Kürbiskernöl zu verzieren und gleichermaßen zu verfeinern. Auch einige Tropfen Balsamico bereichern den optischen Eindruck wie das kulinarische Erlebnis.

November

Die Nächte werden länger, die Tage kälter, die Nebel häufiger. Erste Fröste. Herrlich duftet das selbst gemachte Quittengelee. Sollen wir das Bärlauch-Pesto auftauen? Novemberwinde entkleiden Bäume und Sträucher. Raschelndes Laub, dann wieder Schmuddeltage. Igitt. Lieber drinnen bleiben, oder doch endlich den Garten vollends abräumen? Gartengeräte checken, Töpfe reinigen und dann immer wieder eine Entdeckung. Ach da, ein Vogelnest! Warum haben wir nicht bemerkt, dass die Mönchsgrasmücke bei uns gebrütet hat? Staunen. Nicht mehr lange und die Natur wird von neuem erwachen.

DIE BLUME DES MONATS: CHRYSANTHEMEN-FARBFESTIVAL IM WINTER

Nur unbedarfte Betrachter verwechseln Chrysanthemen (*Chrysanthemum*) mit Astern oder Dahlien. Aber es kommt vor. Auch die Chrysantheme ist ein Korbblütler. Ihre Heimat ist das alte China und Japan. Dort wurde sie schon lange vor Christi Geburt kultiviert. Im Land der Mitte symbolisieren sie ein langes Leben, bei uns wird die »Allerheiligenpflanze« eher mit Tod und Trauer in Verbindung gebracht. Um ausschließlich als herbstlicher Grabschmuck zu dienen, ist die Chrysantheme viel zu schön. »Es gibt gefüllte Pompons, andere wieder blühen sternförmig oder sind halb gefüllt«, schwärmt meine Frau. »Und dann all die fröhlichen Farben! Chrysanthemen vertreiben die düstere, winterliche Stimmung im Garten.« Zu den wilden Verwandten der Chrysanthemenfamilie gehört die Margerite (*Chrysanthemum leucanthemum*), die römische Kamille (*Chrysanthemum parthenium*) und der Rainfarn (*Chrysanthemum vulgare*).

WENN DIE BÄUME PAUSE MACHEN

Jedes Jahr, wenn sich das grüne Laub der Gehölze gelb, rot und braun verfärbt, stelle ich mir aufs Neue die Frage: Warum legen die Bäume im Herbst eigentlich ihre Kleidung ab? Es ist doch ein ungeheurer Aufwand, wenn etwa ein größerer Baum bis zu 200 000 Blätter abwerfen und im kommenden Frühjahr neu austreiben muss – und das jedes Jahr. Doch ohne den jährlichen Blätterwechsel würden die Bäume im Winter verdursten. Das ist mir natürlich irgendwie klar und doch ist für mich die Laubverfärbung nicht nur ein Zeichen, dass die warme Jahreszeit nun endgültig vorbei ist, sondern auch ein Anlass, über den Winter der Natur nachzudenken. Eine Ursache für den Laubfall ist der abkühlende Boden, wodurch oft schon im September die Saugfähigkeit der Baumwurzeln beeinträchtigt wird. Bis zu den ersten Frosttagen kommt dann die Wasseraufnahme durch die Wurzeln ganz zum Stillstand. Weil etwa ein 120 Jahre alter Laubbaum über die Blätter, gleich einer dampfenden Waschküche, täglich rund 600 Liter Wasser verdunstet, wird verständlich, dass sich der Baum mit Laubabfall über den Winter vor dem Verdursten schützen muss. Zugleich ist das Abwerfen der Blätter erforderlich, weil sich in den Blättern, als den Endteilen des Lebensmotors, Kleinteile, sogenannte Ionen anreichern, welche die Lebenstätigkeit der Bäume auf Dauer zum Erliegen bringen würden. Die Gehölze bereiten bereits im September den Laubabwurf vor, indem sie zwischen Rinde und den Blattansätzen der Blattstiele eine Art Korkschicht aufbauen. Damit wird der Saftstrom zum Blatt allmählich unterbrochen. Zugleich ruft der Baum die schwierig zu beschaffenden Nährstoffe wie etwa Stickstoff zurück, transportiert sie ab und lagert sie in Speichergeweben bis zum nächsten Frühjahr ein. Auch das Blattgrün, das Chlorophyll, wird zurückgenommen, denn es enthält ebenfalls viel Stickstoff. Das Blattgrün wird bereits im Blatt abgebaut und die aufgespaltenen Stoffe werden dann über die Leitungsbahnen, in denen sonst die Nährstoffe zugeführt werden, abtransportiert.

Warum dann noch der ganze Farbenzauber im Herbst? Mit dem Schwinden des Blattgrüns kommen plötzlich Farbstoffe zum Vorschein. Sie verleihen dem herbstlichen Laub das leuchtende Aussehen. Wenngleich vieles in diesem Farbenspiel noch ungeklärt ist, so scheint festzustehen, dass es ohne jeglichen Zweck erfolgt und für die Pflanze ohne Nutzen ist. Wie erfahren nun die Bäume, wann sie ihr Hemd wechseln müssen? Ausschlaggebend ist nicht die herbstliche Kühle, da ja nur Wärme die Geschwindigkeit chemischer Vorgänge begünstigt. Es sind vor allem die kürzer werdenden Tage, die die innere Uhr der Gehölze anspricht.

Laub ist kein Abfall

Schon nach wenigen Wochen fällt die Laubstreu in sich zusammen und bleibt an Regentagen oder bei Nebel wie feuchtes Papier am Schuh hängen. Um die Rolle des Laubes im Naturkreislauf zu begreifen, müssen wir uns nur den Waldboden anschauen. In einem Laubwald der mitteleuropäischen Breitengrade dauert es mitunter bis zu fünf Jahre, bis etwa ein Buchenblatt als solches nicht mehr zu erkennen ist. Bis dahin geht es in Teilen durch Dutzende von Mägen der Destruenten (Zersetzern), also von Organismen, die vom Abfall der Natur leben. In einem Laubwald fallen pro Hektar durchschnittliche vier Tonnen Pflanzenmasse im Jahr an, die es zu verwerten gilt. Die Natur bewältigt diese Mengen mit einem Heer hungriger »Mäuler«. Die Erstverwerter der Laubstreu sind Springschwänze, Asseln, Milben, Regenwürmer und Tausendfüßer. Diese kleinen Bodentiere können jedoch die pflanzlichen Reststoffe nur durchlöchern. Das weitere Zerkleinern obliegt winzigen Bodenbewohnern, die insgesamt noch einmal das Hundertfache der Regenwürmer auf die Waagschale bringen. Diese Mikrowelt ist mit mehreren Milliarden Tieren pro Quadratmeter so groß, dass sie Forscher bisher kaum gänzlich erfassen und bestimmen konnten. Diese Winzlinge stellen das Bindeglied zwischen der toten Pflanzenmaterie und den größeren Zersetzern der Streu dar. Einige wenige dieser Mikroben sind in der Lage, die schwer verdaulichen Teile wie Zellulose und Lignin zu knacken. Sie besitzen hierfür Enzyme, über die nur wenige Abfallverwerter verfügen. Anschließend machen sich Mikroorganismen über den Nahrungsbrei her. Sie verdauen ihren eigenen Kot mit den darauf lebenden Kleinstlebewesen. Die Energieausbeute erhöht sich damit um mehr als das Doppelte. Die Natur kennt also keinen Abfall. (Mehr zum Thema Kompost, siehe Seite 137–148). Betrachten wir im Herbst das Laub unter den Bäumen oder Sträuchern angesichts der Vorgänge im Wald, sehen wir das Ganze mit anderen Augen. Meine Nachbarin Rosetta werde ich jedoch nicht überzeugen können, in ihrem peinlich »gepflegten« Garten auch mal ein paar Laubblätter liegen zu lassen. Denen rückt sie schon auch mal mit dem Staubsauger zu Leibe.

Wie wäre es mit einem Laubblattarchiv?

Wer öfter Bäume anhand ihrer Blätter bestimmen will, kann dies mit Hilfe einer Blättersammlung tun. Hierzu trägt man verschiedene Laubblätter (am besten nicht allzu groß) zusammen, legt sie zwischen zwei Löschblätter oder Zeitungspapier und presst sie mit dicken Büchern oder anderen schwereren Gegenständen.

Totholz tut dem Garten gut. Warum nicht an einem schattigen Plätzchen oder unter der Wildhecke einer vielseitigen Lebewelt mit Totholz einen Lebensraum schaffen? ① Eichhörnchen ② Bockkäfer ③ Admiral ④ Schneckenschmiede ⑤ Schnirkelschnecke ⑥ Ameisen ⑦ Insektenlarven ⑧ Regenwurm ⑨ Waldmistkäfer ⑩ Moos ⑪ Farn ⑫ Fingerhut ⑬ Weidenröschen ⑭ Waldsauerklee ⑮ Walderdbeere ⑯ Maiglöckchen ⑰ Pilze

An die Bäume im Winter

Gute Bäume, die ihr die starr entblätterten Arme
Reckt zum Himmel und fleht wieder den Frühling herab!
Ach, ihr müsst noch harren, ihr armen Söhne der Erde,
Manche stürmische Nacht, manchen erstarrenden Tag!
Aber dann kommt wieder die Sonne mit dem grünenden Frühling
Euch; nur kehret auch mir Frühling und Sonne zurück?
Harr geduldig, Herz, und bringt in die Wurzel den Saft dir!
Unvermutet vielleicht treibt ihn das Schicksal empor.

Johann Gottfried von Herder (1744–1803)

DER NATURGARTEN – EIN INTERNATIONALER FLUGHAFEN

»Vor dem Holunder soll man den Hut ziehen«, sagten die Leute früher. Denn der Holunderstrauch hat seinen Namen von einer Göttin erhalten. Sie hieß Frau Holle, und wenn es nicht das Märchen über die alte Frau gäbe, wäre sie vielleicht schon längst vergessen. Das bereits in vorchristlicher Zeit entstandene Märchen sollte verdeutlichen, dass Frau Holla oder Holda als freundlich gesonnene Göttin das Leben von Menschen, Tieren und Pflanzen schützte. Als guter Hausgeist wohnt sie seither im Holunderstrauch. Das im Winter wie ein Greis aussehende Gehölz genießt so seit alters her besondere Achtung. Das erklärt auch, warum der Strauch früher so gerne in den Gärten gepflanzt wurde und warum der Lieblingsstrauch von Frau Holle noch heute in keinem Naturgarten fehlen sollte.

Aber auch die Vögel wissen das Geißblattgewächs zu schätzen. Wenn der Holunder im Herbst seine schwarzen Beerenfrüchte trägt, ist für Amsel, Wacholderdrossel und andere Beerenfresser der Tisch reich gedeckt. Das zeigt sich auch an den dunklen Kotspuren auf der hellgrauen Rinde des Holunders und, zum Leidwesen manches Gartenbesitzers, erst recht auf den Terrassenplatten sowie dem Balkonboden. Solche Hinterlassenschaften verraten, dass die Vögel auf Beerennahrung umgestiegen sind. Für die Flecken auf Gartenwegen und Terrasse sind das Jahr über auch andere Früchte ursächlich. Schon im Frühsommer machen sich Amsel, Drossel, Fink und Star über die Vogelkirschen in der Wildhecke des Gartens her; später kommen dann die Früchte von Weißdorn, Hartriegel, Kornelkirsche und Eberesche dazu.

Wenn im Winter alle Beerenvorräte aufgefressen sind, halten sich die Vögel immer noch in den Heckensträuchern am Gartenhaus auf. Von hier aus fliegen sie das bereitgestellte Futterhaus an, um dann wie die Blaumeise mit dem Sonnenblumenkern zum schützenden Strauch zurückzufliegen, wo sie in Ruhe fressen können. Erinnern solche Start- und Landeplätze nicht sehr stark an einen Waldrand? Dort findet man zwischen den hohen Waldbäumen und der freien Flur ebenfalls eine reichhaltige Palette von Sträuchern. Wenn sich der Gehölzsaum des Gartens nach dem Vorbild Waldrand richtet, lässt sich eine ähnliche Tier- und Pflanzenwelt anlocken. Aber kann man einen Waldrand im Garten künstlich nachahmen?

Um dem großen Vorbild nachzueifern, gilt es vor allem, diejenigen Gehölze zu übernehmen, die am Waldrand in der jeweiligen Umgebung natürlicherweise vorkommen. Und

Hasel, Hainbuche und Wildrose sind allemal passender für den Natur-, Bauern-, Zier-, Gemüse- oder Spielgarten als standortfremde und nicht heimische Thujabüsche und die langweiligen Blautannen. In der Vergangenheit sollte der Holunder Schutz vor bösen Geistern oder Wölfen bieten, heute dient er zusammen mit anderen Sträuchern oftmals der Abwehr von Straßenschmutz sowie Autoabgasen und -lärm. Als die Leute noch besonders abergläubisch waren, sollte eine Hecke in manchen Landstrichen aus »neunerley Holz« besonders wirksam schützen. Bei den geheimnisvollen Gehölzwächtern handelt es sich um die Kombination folgender Arten: Weißdorn, Buche, Hainbuche, Feldahorn, Haselnuss, Alpenjohannisbeere, Heckenkirsche, Esche und Roter Hartriegel.

Wenn für die Begrenzung des Biogartens eine vielfältige Bepflanzung mit jeweils einheimischen, typischen Strauch- und Baumarten gewählt wird, verwandelt sich der Garten sowohl im Frühjahr als auch im Herbst zum internationalen Landeplatz. Nicht nur mit Beerenfrüchten stellt eine frei wachsende Hecke ebenso wie große Einzelbäume – seien es frei stehende Eichen oder auch Apfel- und Birnbäume – ein wichtiges Nahrungsreservoir für Zugvögel dar. Während die eine oder andere Art eine Zwischenrast vor dem Weiterflug in den Norden und im Herbst vor der Reise in den Süden macht, bleiben manche das Jahr über hier. Dazu gehören Mönchsgrasmücke, Gartengrasmücke, Girlitz, Zilpzalp und viele andere Arten. Über die Zugvögel ist jeder einzelne naturnah gestaltete Garten mit anderen Zugvogelrast- und Überwinterungsplätzen verbunden und somit wichtiger ökologischer Baustein für das faszinierende Phänomen des Vogelzugs.

Der Garten als internationale ökologische Drehscheibe.
Zugvögel, die im Naturgarten brüten, rasten, Nahrung suchen oder einfach nur mal vorbeizwitschern: ① Zilpzalp ② Mönchsgrasmücke ③ Gartenrotschwanz ④ Girlitz ⑤ Hausrotschwanz ⑥ Wendehals ⑦ Star

HAUSSPERLING – BEDROHTER KOSMOPOLIT

Wer noch Ende der Siebzigerjahre des letzten Jahrhunderts Kinder nach dem am häufigsten vorkommenden und bekanntesten Vogel fragte, erhielt als Antwort: der Haussperling. Heute gehört der Sperling – über Jahrhunderte Kulturfolger und Kosmopolit – zu den bedrohten Arten. Haussperlinge suchen durchaus die Nähe des Menschen oder vielmehr unserer Siedlungen. Worin liegt also die Ursache für den Rückgang dieses Kulturfolgers? Es gibt verschiedene Gründe. Die stets hungrigen Haussperlinge halten sich gern in der Nähe von Hühnerställen auf, wo oft ein Korn für sie abfällt. Die Freiland-Hühnerhaltung ist jedoch in den letzten Jahren überall zurückgegangen. Auch sind die sicherlich nicht umweltfreundlichen Dorfmüllplätze weggefallen, wo sich oft etwas Essbares finden ließ. Die Katzenhaltung hat in den letzten Jahren enorm zugenommen, und die Samtpfoten fangen nach Schätzungen von Naturschützern zwischen einem Drittel und der Hälfte des Bestandes. Und schließlich haben sich die Siedlungen in Stadt und Land so herausgeputzt, dass die Häuser kaum noch Nischen für die Spatzennester übrig lassen. Deswegen sind heute viele Straßen spatzenleer, wo in der Vergangenheit die sesshaften Tiere nicht wegzudenken waren. 7000 Jahre, also bis zu den Anfängen des Ackerbaus, lassen sich die Spuren der Sperlinge in unseren Siedlungen zurückverfolgen. Der Haussperling zählt daher zu den ältesten Kulturfolgern.

Früher waren die Bestände so beachtlich, dass die Bauern die Spatzen überlisten mussten, damit sie nicht zu viel von der Getreideernte fraßen. Wenn das Getreide zu reifen beginnt und die Körner noch mehlig-weich sind, suchen die Haussperlinge die Getreidefelder in der Nähe der Siedlungen auf. Darum haben die Bauern den Roggen am Dorfrand angepflanzt, weil dessen Ähren viel längere Grannen als andere Getreidearten haben und die Spatzen nicht oder nur schwer an die Körner herankommen.

Beobachtungen haben gezeigt, dass Spatzen neben reifen Gräsern, Beeren, Samen, Obst, Knospen oder grünen Pflanzenteilen auch Nektar zu sich nehmen. Ähnlich wie Zilpzalp, Feldsperling und Girlitz nascht der Haussperling an Pflanzenblüten. Nektar ist leicht zugänglich und enthält eine Menge Feuchtigkeit. Im Frühjahr dient er als Übergangsnahrung. Nahrung suchen sich die Spatzen zumindest nach der Brutzeit gemeinsam. Vor allem in ländlichen Gebieten bilden sich Sperlingsschwärme, die in der Umgebung der Brutplätze vereint nach Fressbarem suchen. Ebenso sammeln sich die Jungvögel zu Schwärmen, und nicht nur auf Bauernhöfen, sondern auch am Rande von Siedlungen oder Städten lässt sich beobachten, wie die jungen Sperlinge abends zu den gemeinsamen Schlafplätzen ziehen. Im Oktober verlassen die Altvögel wieder die Schwärme und beginnen manchmal noch im Herbst mit der Balz und dem Nestbau. Die Schwarmphase am Ende der Brutzeit, die die neue Paarfindung erleichtert, dürfte wohl der Grund sein, warum der Haussperling fast überall dort auf der Erde verbreitet ist, wo es Siedlungen gibt. In Nordamerika ist er um 1850 eingebürgert worden und hat sich dort in kurzer Zeit über riesige Gebiete ausgebreitet. Für mich gehört das Spatzengeschrei zum Garten wie die Sonnenblume zum Sommer und das Schneeglöckchen zum Februar. Deshalb habe ich unterm Dachvorsprung ein Spatzenhaus angebracht. Ein Spatzenhaus kann man selbst bauen oder im Handel kaufen (www.schwegler-natur.de). Weil Spatzen Koloniebrüter sind, werden die im Handel erhältlichen Kästen als Sperlings-Koloniehaus gestaltet.

Verborgenes Leben unter der Steinplatte

Schon lange war es an der Zeit, wieder einmal den Gartenweg zu richten. Seit der Gestaltung des Gartens hatte sich die Erde gesetzt und so die Trittplatten verschoben. Wege richten, Platten neu verlegen. Eine Arbeit, auf die ich gerne verzichte. Widerwillig machte ich mich ans Werk. Doch beim Anheben der ersten Platte staunte ich nicht schlecht. Denn da machte sich nicht nur ein Weberknecht, der sich zwischen den Platten versteckt hatte, schnell aus dem Staub, sondern es wuselte richtig an der Stelle, wo kurz zuvor noch die Steinplatte lag. Ein Regenwurm entzog sich den Blicken und verschwand durch seine schleimige Röhre in die unterirdische Kleinlebewelt. Und gleich daneben liefen einige Asseln hastig davon. Man sieht es den kleinen Tieren nicht an, dass sie zur Gruppe der »Höheren Krebse« gehören und somit weitläufig mit dem Flusskrebs, dem Hummer oder den Nordseekrabben verwandt sind. Im Laufe von Jahrmillionen haben sich Asseln in verschiedenen Formen an das Landleben angepasst. Ungefähr tausend verschiedene Landasselarten gibt es auf der Erde.

Die einstige Herkunft aus dem Meer zeigt sich daran, dass alle Asseln – wenigstens teilweise – mit Kiemen atmen. Dazu dienen die Innenäste der Hinterleibsbeine, die daher immer mit einem dünnen Wasserfilm überzogen sein müssen. Die Tiere halten sich deshalb am liebsten an feuchten Stellen auf, wie z.B. unter Baumstümpfen, im feuchten Laub, in Kellern oder eben gerade unter Wegplatten im Garten. Nur bei hoher Luftfeuchtigkeit kommen sie tagsüber aus ihrem Versteck. Aber meistens gehen sie nachts, wenn mit der sinkenden Temperatur die Luftfeuchtigkeit steigt, auf Futtersuche. Asseln ernähren sich vorwiegend von weichen, saftigen und zerfallenen Pflanzenteilen. Die kleinen Tiere spielen deshalb im Naturkreislauf eine wichtige Rolle, weil sie abgestorbenes Pflanzenmaterial zersetzen und so wichtige Kompostbereiter sind.

Assel ist nicht gleich Assel. Man braucht nur mal so ein Tierchen antippen. Rollt sich die Assel dann blitzschnell zu einem kleinen Kügelchen zusammen, handelt es sich um eine Rollassel, die sich auf diese Weise möglichen Feinden entziehen kann. Denn als Kügelchen rollt die Assel dann oft in Stein- oder Erdritzen und zwischen Pflanzenstängel. Rollasseln sind durch einen speziellen Verdunstungsschutz am besten von allen Asseln an das Landleben angepasst, so dass man sie am ehesten tagsüber beobachten kann. Eine andere Asselart, die Kellerassel, kann sich nicht einrollen, sie ist mehr an die feuchten Stellen gebunden. Man findet sie oft auch im und am Komposthaufen.

Aber es tut sich noch mehr dort, wo noch kurz zuvor die Trittplatte lag. Einige Tausendfüßer wurden durch die plötzliche Helligkeit erschreckt und versuchen nun schnell, ein neues Versteck zu erreichen. Aber keiner der Tausendfüßer (ja, es heißt wirklich Füßer und nicht, wie so oft zu lesen, Füßler) hat tatsächlich so viele Beine, wie ihm der Volksmund nachsagt. Bei den einzelnen Arten schwankt die Zahl der Beinpaare zwischen acht und 240. Die flinken Tiere sind vor kleineren Feinden durch ihr panzerartiges, hartes Außenskelett geschützt. Vor größeren Feinden – etwa Vögeln und Säugetieren – schützen sie sich durch ihre versteckte Lebensweise. Aber die Tausendfüßer sind auch mit einem chemischen Abwehrmittel ausgestattet. Der etwas mehr als zwei Zentimeter große Bandfüßer zum Beispiel erzeugt Blausäure. Und der auf den ersten Blick wie ein glänzender Wurm aussehende Schnurfüßer produziert ein keimtötendes Giftgemisch, das auch sehr schleimhautreizend ist. Wie ein kleiner Wurm sieht der nur etwa vier Zentimeter lange, zerbrechlich wirkende Leuchtende Erdläufer aus. Er bewegt sich im Gegensatz zu dem gleich langen, aber breiter und robuster wirkenden Steinläufer nur sehr langsam. Trotzdem ist dies eine erfolgreiche Tiergruppe. Denn auf der Erde gibt es insgesamt mehr als tausend Steinläuferarten. Außerdem sitzen noch verschiedene Käferlarven und Wegschnecken unter dem schützenden Stein. Man sieht, ein kleines Stück Natur-Wunderland findet sich mitten unter uns in unseren Gärten, in Parks und all jenen Grünanlagen, wo man die Wege lebendig gestaltet und nicht in schwarze Asphaltbänder oder graue Betonstreifen umfunktioniert hat.

LICHTSCHEUE GARTENBEWOHNER – VERBORGEN LEBENDE KLEINTIERE IM ÜBERBLICK

- **Weberknecht** (*Phalangium opilio*) Über 20 Arten in Mitteleuropa, die jedoch nur von Fachleuten genau bestimmt werden können. Das Weibchen legt seine Eier in den Boden oder an vermodertem Holz ab. Weberknechte ernähren sich überwiegend von vermodertem pflanzlichen Material, aber auch von toten Tieren.

- **Garten-Wegschnecken** (*Arion hortensis*) Nacktschnecken, die nur nachts oder bei Regenwetter ihr feuchtes Versteck verlassen, um vor allem Pflanzentriebe zu fressen.
- **Erd-Schnurfüßer** (*Julis terestris*) Weltweit kennt man über 2800 Schnurfüßerarten, von denen manche gut 30 Zentimeter lang werden können. Unsere mitteleuropäischen Arten erreichen meist eine Länge von nicht mehr als fünf bis sieben Zentimetern. Man nennt diese Tiere zwar auch Tausendfüßer, doch haben die meisten Arten nicht viel mehr als 100 Beinpaare.
- **Braune Scheibenschnecke** (*Discus ruderatus*) Das scheibenförmige braune Gehäuse wird seitlich vom bläulichen Körper getragen. Dies ermöglicht der nur fünf bis sechs Millimeter großen Schnecke, unter Wegplatten, Steinen, Holz u. ä. zu kriechen.
- **Regenwürmer** ... sind wichtigste Humusbereiter. Rund 30 Regenwurmarten gibt es in Mitteleuropa.
- **Kellerasseln** (*Porcellio scaber*) Auf eine typische »Versammlung« von mehreren Exemplaren Kellerasseln trifft man im schattig-feuchten Versteck. Die Tiere verlassen im Gegensatz zu den etwas mehr an trockenere Bereiche angepassten Mauerasseln fast nur nachts das Versteck. Keller- und Mauerasseln findet man oft in denselben Lebensräumen.
- **Brauner Steinläufer** (*Lithobius forticatus*) Ein bemerkenswert schnell laufendes Bodentier, das seine Beute mit den Fühlern findet. Der Braune Steinläufer gehört zu den häufigsten Hundertfüßern.
- **Erdläufer** (*Pachymerium ferrugineum*) Ebenfalls eine häufige Hundertfüßerart. Bewohnt feuchte, dunkle Stellen unter Steinen, in der Laubstreu und in den obersten Schichten des Bodens (wie fast alle anderen »Wegplattentiere« gut

auch im Komposthaufen zu beobachten). Dieser Erdläufer scheidet aus den Poren seiner Bauchplatten einen Abwehrstoff aus, der Blausäure enthält.

- **Rollassel** (*Amadillidium vulgare*) Ähnliche Gestalt wie Kellerassel. Rollt sich jedoch bei Gefahr oder bei Trockenheit zusammen und sieht dann – flüchtig betrachtet – wie ein kleines Knetkügelchen aus.
- Larve des **Saatschnellkäfers** (*Agriotes lineatus*) Die Larven des Saatschnellkäfers sind im Volksmund auch als »Drahtwürmer« bekannt. Sie ernähren sich zuerst von Kleinsttieren (Springschwänze, kleine Insektenlarven) sowie von vermodertem Pflanzenmaterial. Später bevorzugen sie Wurzeln von Getreide und anderen Pflanzen wie Gräser, Kohl, Salat, Kartoffeln und Rüben.

DAS BIOGARTENREZEPT DES MONATS NOVEMBER

Zwiebelkuchen

Ein selbst gemachter, frischer, warmer Zwiebelkuchen ist zusammen mit einem guten Wein beste Zutat für eine gesellige Runde in der Winterzeit. Hier das Rezept von Oma Roswitha:

Zutaten

Für den Hefeteig:

- 200 g Mehl
- ca. 20 g Hefe
- ¼ l Milch
- 1 Tl Salz
- 80–100 g Fett

Für den Kuchenbelag:

- *ca. 1 kg große Zwiebeln*
- *ca. 60 g Fett*
- *50–100 g zu Würfeln geschnittener Rauchspeck*
- *¼ l saure Sahne*
- *60 g Mehl*
- *2–3 Eier*
- *etwas Kümmel*
- *Salz*
- *250 g Quark*

Und so wird's gemacht:

Hefe mit lauwarmer Milch anrühren. In die Mitte des Mehls einen weichen, glatten Vorteig machen. Schüssel mit einem sauberen Geschirrtuch abdecken und das Ganze in der Wärme gehen lassen. Später Zutaten hineingeben und, am einfachsten mit der Hand, einen Teig kneten. Dies erfolgt so lange, bis der Teig glatt ist, Blasen wirft und sich vom Rand der Schüssel lösen lässt. Anschließend in der Schüssel bis etwa zur doppelten Höhe »gehen« lassen.

Den fertigen Teig in das gefettete Blech einformen.

Für den Belag werden die zu Würfelchen geschnittenen Zwiebeln – zusammen mit dem Fett und dem Speck – glasig gedünstet. Dann mit dem Mehl (für den Belag), den Eiern, dem Quark und der Sahne und zuletzt mit den Gewürzen entsprechend mischen. Salz sollte nicht zuerst hineingegeben werden, da sonst den Zwiebeln Saft entzogen wird. Dies lässt den Kuchenteig dann »speckig« werden.

Den Belag auf dem Kuchenteig verteilen, anschließend mit Butterflöckchen oder – dies ist später besonders lecker – mit Speckwürfelchen bestreuen. Bei 200–220°C ca. 60 Minuten backen.

Guten Appetit!

Dezember

Dunkle Tage, eisige Winde, Schnee zu Weihnachten? Längst ist auch die allerletzte Rose des Kletterstrauchs an der geschützten Hausecke verblüht. Das Geschrei der Krähen erinnert an die Taiga der Naturfilme. Im Garten etwas Grünes schneiden, für das Adventsgesteck. Vielleicht von der Eibe oder vom Buchsbaum? Was kochen wir heute? Wir haben doch noch frische Karotten vom Sommer im Sand eingegraben. Wie wär's mit getrockneten Apfelringen? Das gibt's doch nicht! Da sind ja schon die Blätter der ersten Schneeglöckchen zu sehen. Am Salbeistrauch hängen noch ein paar fahlgrüne Blätter, daraus lässt sich sicher ein Salbeitee gegen Halsweh kochen.

DIE BLUME DES MONATS: NIESPULVER, DAS IM GARTEN WÄCHST

Wenn im Dezember die Tage immer kürzer scheinen, wenn mir die frühe Dunkelheit und die langen Nächte mächtig auf den Wecker gehen, setzen an geschützten Stellen meines Gartens weiße Blüten erste Farbtupfer. Sie künden unweigerlich davon, dass auch der längste Winter mal ein Ende haben wird und sich die Natur schon auf den Neubeginn vorbereitet. Mit ihren dunkelgrünen Blättern und großen weißen Blüten ist die Christrose gleichermaßen Abschied vom Gartenjahr und Willkommensgruß für die kommende Gartensaison. Der Name der Christrose hängt auch mit dem Dezember zusammen. Weil die Rose im Dezember blüht, in dem auch (zumindest nach der Festsetzung der Kirche) Jesus Christus geboren ist – wie wir alle wissen, am 24. Dezember –, gilt die Christrose als Symbol des Heilbringers. Die einfachen, nicht überzüchteten Christrosen (von denen es mittlerweile auch verschiedene Arten gibt) gehen auf die Schwarze Christrose (*Helleborus niger*) zurück. Sie gedeiht selten auch im Bereich subalpiner Buchen-, Misch- und Kiefernwälder, auf frischen und nährstoffreichen, auch kalkhaltigen Stein- und Lehmböden. Früher, so heißt es, ist die Christrose als Heilpflanze genutzt worden, indem man daraus Niespulver herstellte. Ein anderer Frühblüher, der mit der Christrose verwandt ist, ist die Stinkende Nieswurz (da sind wir wieder beim Niesen) mit dem wissenschaftlichen Namen *Helleborus foetidus*, die sich in krautreichen Eichen- und Buchenwäldern, am Rand von Feldhecken und Waldsäumen, an geschützten Stellen oft schon Anfang Februar findet.

DICHTER, DENKER UND ANDERE GÄRTNER

So wie ich seit Jahren meinen Garten gestalte, immer wieder verändere und die Natur ein wenig – gänzlich ist dies nämlich überhaupt nicht möglich – beeinflusse, so prägt mich und meine Familie seit Jahren unser Garten selbst. Gestalten, kreieren und nach getaner Arbeit oder an Sonntagen durch Blumenrabatten oder Kräuterbeete flanieren, das hat immer wieder auch berühmt gewordene Menschen begeistert. Staatsmänner, Dichter, Fürsten und Grafen nahmen sich die Zeit, Gärten anzulegen, zu pflegen und vielleicht auch ein wenig Schöpfer und Künstler zu spielen. Für andere wiederum war es Experimentierfeld, Ausgleich, Muße und Inspiration. Für alle bedeutete der Garten letztlich die Auseinandersetzung mit der Natur und die Beschäftigung mit dem Lebendigen.

Das Genie und sein Garten: Johann Wolfgang von Goethe (1749–1832)

Der Weg zu seinem Haus leuchtete zu bestimmten Zeiten grellbunt, etwa in den Farben Lila und Pink. Goethe hatte die Allee mit Malven bepflanzt. Malvengewächse waren die blühende Leidenschaft des Dichterfürsten. Im Namen dieser Blume lud er Freunde ein und feierte Feste. So steht es jedenfalls in seinem Tagebuch. Gepresste Malven fanden Goethe-Forscher auch in seinem Herbarium.

Das Universalgenie und den deutschesten aller Dichter zog es immer wieder in berühmte Gewächshäuser und botanische Gärten. Goethe wohnte sechs lange Jahre im Gartenhaus in der Ilmaue in Weimar. Für ihn ist »die Natur doch das einzige Buch, das auf allen Blättern großen Gehalt bietet«. Und so widmet er dem Studium des Pflanzenwachstums viel Zeit, machte Keimungsversuche, experimentierte mit Kapuzinerkresse und Kartoffeln, studierte Blattformen, untersuchte Rosen und Nelken, Akelei und Eisenhut und Löwenzahn. Über den Löwenzahn schrieb er: »Wenn man die Stiele aufschlitzt, die beiden hohlen Röhrchen sachte voneinander trennt, so rollte sich jede in sich nach außen.« Er begegnet dem bedeutendsten Botaniker seiner Zeit, Johann Hedwig, lernt 1790 Wilhelm von Humboldt, den großen Naturforscher, kennen und kauft ein Gut mit einer Hopfenpflanzung. Im »Götz von Berlichingen« fällt der Satz: »Wollte, Gott hätte mich zum Gärtner oder Laboranten gemacht – ich könnte glücklich sein.« Spricht da die Sehnsucht des dichtenden Gärtners aus tiefster Goethe-Seele?

Goethe war es auch, der den Ginkgobaum erst so richtig bekanntmachte. Kennen Sie das Gedicht über den mythischen Nadelbaum, der wie ein Laubbaum aussieht und aus dem fernen Asien stammt?

Gingo Biloba

Dieses Baums Blatt, der von Osten
Meinem Garten anvertraut,
Gibt geheimen Sinn zu kosten,
Wie's den Wissenden erbaut.

Ist es Ein lebendig Wesen,
Das sich in sich selbst getrennt?
Sind es zwei, die sich erlesen,
Daß man sie als Eines kennt?

Solche Fragen zu erwidern
Fand ich wohl den rechten Sinn;
Fühlst du nicht an meinen Liedern
Daß ich Eins und doppelt bin?

Johann Wolfgang von Goethe

Ein Eis-Fürst ruinierte sich für seinen Garten: Hermann von Pückler (1785–1871)

Denken Sie bei Fürst Pückler ausschließlich an Eis? Sicher, der Mann war der bekannteste Gourmet seiner Zeit. Und das dreifarbige, flaggenförmig aufgebaute Speiseeis der Sorten Schokolade, Vanille und Erdbeere geht tatsächlich auf den Fürsten zurück. Die Farben Schwarz, Gelb und Rot sind die Farben des Familienwappens. Ein findiger Konditor wollte dem Fürsten damit alle Ehre erweisen (und sich sicher auch einschmeicheln). Und kreierte ein Milchspeiseeis, das bis heute seine fürstliche Ehre nicht eingebüßt hat.

Doch der Fürst hatte ganz andere Ambitionen, als Speiseeis zu schlecken. Er sah sich nicht als Eismann, sondern als Landschaftsarchitekt. Ständig korrespondierte er mit Goethe, der damals schon in Weimar saß und ebenfalls als gartenverrückt bezeichnet werden kann. Der Dichterfürst ermutigte den Pückler-Fürsten sogar in seinem Gärtnerwahn und schrieb: »Sie scheinen Talent zu haben ...«

Landschaftsgärtnerei war damals ein Hobby, das zu Zeiten des Fürsten unter Aristokraten weit verbreitet war. Und so zog der Fürst immer häufiger seinen Frack aus, schlüpfte in schlichte Gärtnerhosen und nahm den Spaten selbst in die Hand.

Natürlich ging der gute Mann nicht nur praktisch zur Sache: Auf einer Reise nach England studierte Pückler 1814 wie Landschaftsgärten angelegt werden. Nach seiner Rückkehr startete er dann völlig entfesselt durch: Er sprach von der Gestaltung als »Landschaftsgemälde« und lebte seine Leidenschaft im Schlosspark Muskau aus. Für seine »Malerei« mit Hacke, Spaten und Beeten wurden Flüsse umgeleitet und ganze Dörfer verschwanden von der Landkarte. Dass der Fürst sich mit dieser unsanften Gärtnerei bei seinem Volk nicht gerade beliebt gemacht hat, kann man sich denken. Doch Pückler war nicht aufzuhalten: Er schuf den heute noch legendären »Muskauer Park«. Dafür wurden Berge aufgeschichtet, Hügel abgetragen, Teiche angelegt und sogar die Lausitzer Neiße umgeleitet.

Seine Vision von einem »Landschaftsbild« trieb den armen Fürsten schließlich in den Ruin. 1826 war er so verschuldet, dass er – obwohl glücklich verheiratet – Ausschau nach einer reichen Frau von Adel halten musste. Die Suche führte ihn wieder nach England. Eine Frau fand Pückler nicht, aber weitere Anregungen für die Gartengestaltung. 1834 schrieb er dann sein literarisches Werk »Andeutungen über Landschaftsgärtnerei«.

Zu Geld kam der Fürst zu Lebzeiten nicht mehr, aber zu Ruhm. Bis zu seinem Lebensende arbeitete er an der Gestaltung des Branitzer Parks, der heute als letzter großer deutscher Landschaftspark des 19. Jahrhunderts gilt. Hier tobte Pückler sich bis zu seinem Tod im Jahr 1871 aus: Er ließ alte Bäume verpflanzen, viele Tausend Kubikmeter Erde bewegen. Alles nur, um die Natur zu bändigen und nach seinem Gusto zu gestalten.

Inselträume im Gartenparadies: Graf Lennart Bernadotte (1909–2004)

Haben Sie oft Besuch im Garten? Vielleicht kommen am Samstag ja ein paar Freunde zum Grillen oder die Nachbarn schauen mal über den Zaun. Graf Lennart Bernadotte und Gräfin Sonja hätten darüber nur milde lächeln können. Denn in den von ihnen gestalteten und heute von Graf Björn und Gräfin Bettina betreuten »Garten« kommen Jahr für Jahr über eine Million Menschen. Und zwei Mal im Jahr sind auch wir dort, um uns Anregungen für den eigenen Garten zu holen. Denn der Garten der gräflichen Familie Bernadotte gilt als einer der schönsten in ganz Europa. Er ist eine Trauminsel im Bodensee, ein Blumenparadies auf Erden! Die Blumeninsel Mainau, im königsblauen See gelegen und in der Ferne vom Alpenpanorama gekrönt, ist heute ein gärtnerisches Kleinod und für jedermann zugänglich.

Das war nicht immer so. Als Graf Bernadotte 1932 auf die Insel kam, gab es keinen Paradiesgarten, sondern ein 45 Hektar großes, zugewuchertes Stückchen Land mit einem verwachsenen Arboretum mit wertvollen Baumbeständen. Dann kam der Krieg, und Graf Bernadotte zog mit seiner

Familie nach Schweden. Das lag durchaus nahe, denn der Graf war schwedischer Adliger. Sein Vater war Prinz Wilhelm von Schweden. Dieser hatte auch die Insel geerbt, doch hatte er nie einen wirklichen Bezug zur Mainau. Ganz anders sein Sohn Lennart Bernadotte: Er hatte von Anfang an Inselträume. Seine Garteninsel und der Traum vom Blumenparadies blieben auch während des Krieges in seinem Kopf.

Gleich nach dem Zweiten Weltkrieg, als alles in Trümmern lag, ging der grüne Visionär an die Arbeit. Sein Ziel: eine Insel für Gartenfreunde – ein Volksgarten für alle! Als der Graf im Dezember 2004 im hohen Alter von 95 Jahren auf dem Schloss auf seiner Insel stirbt, ist Mainau weltberühmt.

Die Blumenschauen sind dem Wechsel der Jahreszeiten angepasst. Im Frühjahr leuchten Tulpen, Hyazinthen und Narzissen vor verschneiten Alpengipfeln. Uralte Rosensorten betören die Besucher mit ihrem Duft im Sommer, und im Palmenhaus gedeihen prächtige Orchideen, im größten Schmetterlingshaus Deutschlands flattern exotische Falter auf der Suche nach Nahrung von Blüte zu Blüte. Der Osthang ist über und über in Rhododendron- und Azaleenblüten getaucht. Dazwischen gibt es mächtige und prächtige Bäume und jede Menge ökologische Inseln für Vögel und Insekten. In verschiedenen Gebäuden und auf Lehrpfaden wird über den Naturhaushalt und die Notwendigkeit konsequenten Umweltschutzes informiert. Im Herbst kommen die Menschen wegen der Dahlien. Hier gibt es einen aromatisch duftenden Kräutergarten, einen Weinberg, ein Palmenhaus und vieles mehr.

Um seinen blühenden Traum in eine sichere Zukunft zu führen, hat der Graf die Lennart-Bernadotte-Stiftung gegründet. In seinem Namen lassen die Erben all die Blumen weiter blühen.

Ein Rosenfreund im Kanzleramt: Konrad Adenauer (1876–1967)

Der »Alte« hatte eine ungewöhnliche Leidenschaft: Er liebte die Blume der Liebe: Rosen waren für Konrad Adenauer »etwas so Schönes, dass auch der wahnsinnigste Züchter sie nicht verderben kann«. Um vom Regieren zu entspannen, widmete sich die Kanzlerlegende in seinem Garten in Rhöndorf der Rosenzucht. Dort gab es auch Nussbäume, Zypressen und Wacholderbüsche – aber seinen vielen Rosen schenkte Adenauer besonders viel Zeit und Zuneigung. Er schwärmte von seinen schönen Schützlingen und soll gesagt haben: »Ich liebe Rosen, denn keine Blume ist so dankbar. Bei guter Pflege schenken sie uns vom frühen Sommer bis tief in den Herbst hinein immer wieder neue Blumen.«

Wenn es die Regierungsgeschäfte zuließen, kümmerte sich der Kanzler des Wiederaufbaus und des Wirtschaftswunders in seinem Garten um Rosen. 1950 war ihm plötzlich eine Allee in Baden-Baden wichtig. Er wollte dort unbedingt einen Rosengarten initiieren. Heute blühen 25 000 Rosen und über 400 Sorten in der Rosenhauptstadt Europas. Auf dem Beutig werden Jahr für Jahr preisgekrönte Rosen und Neuheiten präsentiert. So manche Neuzüchtung verdankt ihren Namen dem ersten Bundeskanzler der BRD (1949–1963).

Dass »der Alte« auch ein Tüftler war, wissen nur wenige. Um seine geliebten Rosen vor zu viel Pflanzengift zu schützen, hatte er im Hobbykeller viel ausprobiert und sogar einen elektrischen Insektentöter entwickelt. Als sich die Krabbeltiere nicht sonderlich beeindruckt zeigten, dafür der Gärtner in Gefahr geriet, sich einen elektrischen Schlag einzufangen, legte Adenauer seine Idee schließlich zu den Akten. Er griff doch lieber wieder zur Giftspritze.

Kanzlergattin und First Lady der Blumen: Hannelore Schmidt (1919–2010)

Sie wurde von ihrem Mann, dem Alt-Kanzler Helmut Schmidt und all ihren Freunden liebevoll »Loki« genannt. Und so heißt ihre Stiftung auch »Loki-Schmidt-Stiftung Naturschutz Hamburg«. Loki war eine Blumenfrau. Wie viele Pflanzen ihren Namen tragen, wusste sie sicher selbst nicht so genau. In ihrem Garten wuchsen jedenfalls Kamelien, die 1992 nach ihr benannt wurden. Gewaltige Rhododendren blühten weiß und violett die Hauswand hoch. Im Garten wuchsen Schachbrettblumen und Blut-Storchschnabel, Günsel mit stahlblauen Blüten und rosafarbene Akelei. Die Pflanzenschützerin Loki hatte sich schon als Kind für Pflanzen interessiert. Der Schutz der Pflanzenwelt wurde später zur Passion. Sie engagierte sich für botanische Gärten, gründete die Stiftung zum Schutz gefährdeter Pflanzen und stellte ab 1980 die »Blume des Jahres« – meist sehr seltene und gefährdete Pflanzen – vor. Für ihre Verdienste um den Naturschutz verlieh ihr die Universität Hamburg den Professorentitel.

Der Maler und seine Gartenmotive: Max Liebermann (1847–1935)

Der Maler mit großbürgerlichem Familienhintergrund lebte lange im mondänen Paris, doch irgendwann war ihm der Großstadtlärm zuwider. 1909 erwarb Liebermann ein

Wassergrundstück am Wannsee und schuf sich am Stadtrand von Berlin eine Gartenidylle, die auf vielen seiner Gemälde verewigt ist. Sein Atelier gab den Blick in den großen Garten frei. Liebermann soll zum Thema Motivsuche gesagt haben: »Wie schön – so brauche ich nicht mehr auf lange Reisen zu gehen.« Seine Bilder spiegeln die Veränderungen im Liebermann'schen Garten wider. Die Nachbarn waren schon zu seiner Zeit von der spektakulären Parkanlage begeistert.

Der Dichter und sein Garten: Hermann Hesse (1877–1962)

Für den Schriftsteller hatte Gartenbau viel mit »Schöpferlust und Schöpferübermut« zu tun. Er schrieb Romane, bekam den Nobelpreis und verbrachte viel Zeit im eigenen Garten. Was er dort bewerkstelligte und tat, verewigte Hesse zum Teil in Texten: »... hier ziehen wir Gemüse, hier verbringen wir – Mann wie Weib – einen Teil unserer Tage, weit vom Hause, verborgen im Grün«. Für seinen berühmten Roman »Siddhartha« ließ Hesse sich in seinem Garten am Luganer See inspirieren. Hier gab es Palmen und Magnolienbäume.

Der Gärtner hinter Max und Moritz: Wilhelm Busch (1832–1908)

Man kennt »Max und Moritz«, »Witwe Bolte« und »Die fromme Helene« und all die anderen Figuren aus den Bildergeschichten des wundervollen Humoristen. Aber dass Wilhelm Busch ein Gartenfreund war, blieb den meisten Lesern seiner Werke verborgen. In seinen Briefen steht, wie eng er mit dem Garten verbunden war. Seine Verbundenheit mit der Natur taucht in seinen Zeichnungen und Bildern auf. Und die fromme Helene hat beim Bohnenpflücken so ihre kleinen Gartenabenteuer erlebt.

Blumengeister

Nun ist im Sturm mit Schnee und Eis
Der Winter angekommen,
Hat auf tyrannisches Geheiß
Die Blüten all genommen.

Sie sind dahin mit einem Mal
Und hängen welk hernieder,
Es weckt kein milder Sonnenstrahl
Die Frostgetroffnen wieder.

Ihr Glanz, ihr Duft, ihr Leben schwand,
Und öd' sind Flur und Garten,
Zur weißen Wüste ward das Land,
Die Flüsse selbst erstarrten.

So sinken in die kalte Gruft
Die letzten Blumenleichen,
Und harren bis der Lenz sie ruft,
Aus ihrem Grab zu steigen.

Doch kann der Blumengeister Schar
Wohl nächtlich um noch gehen –
In kalter Mondnacht, hell und klar
Sind sie gar oft zu sehen.

Sie kommen aus dem Grab hervor
Wie neckende Gespenster,
Und blühen – ein kristall'ner Flor –
An dem gefrornen Fenster.

Und rufen die Erinnrung wach
An alle Sommerstunden,
Wo Menschenhand die Blümlein brach
Und sie zum Kranz gewunden.

Wo Menschenfuß sie gar zertrat,
Nicht achtend auf ihr Flehen.
Es läßt zu rächen solche Tat,
Die Geisterschar sich sehen.

Und mahnt mit glänzend heller Schrift:
»Dein eignes Tun bewache,
Damit dich nicht im Winter trifft
Der Blumengeister Rache!«

Louise Otto (1819–1895)

LICHTSCHEUER GESELLE: DER MAULWURF

Jeder hat so seine Lieblingstiere. Mir gefallen schon immer Eulen und seit früher Kindheit bin ich von Amphibien wie Molchen und Fröschen fasziniert. Dann gibt es Tiere, die einem nicht so liegen. Auch wenn ich weiß, dass sie sicherlich auch ihre Funktion im Naturhaus erfüllen, hasse ich Zecken und Schaben. Wenn ich irgendwo in warmen Ländern unterwegs bin, achte ich fast schon panisch darauf, in den Hotels immer gut die Koffer zu verschließen, damit ja nicht irgendeine Schabe ihre Eier in mein Gepäck legt. Schließlich will ich ja nicht zum unfreiwilligen Importeur dieser Viecher werden. Ja, und dann gibt es Tiere, bei denen bin ich hin- und hergerissen. Dazu gehört der Maulwurf. Wer einmal das Glück hatte, diesen lichtscheuen Gesellen zu sehen, wird unweigerlich Sympathie empfinden. Zeigen jedoch die Maulwurfshaufen im Garten, dass sich eine Familie dieser schwarzen Tunnelbauer angesiedelt hat, ist die Sympathie schnell verflogen. Da ich ja einen Naturgarten habe, kann schon kein deutscher Einheitsrasen verunstaltet werden. Und so ebne ich die frisch aufgeworfenen Erdhügel einfach. Diese sieht man nicht nur in Gärten, sondern auch und vor allem auf Wiesen, wo sie mehr auffallen als im Bereich von Äckern, meist im oder nach dem Winter. Dann müssen die Maulwürfe die Röhren ihres während der kalten Jahreszeit teilweise zusammengefallenen Höhlenlabyrinths erneuern. Mit der allmählichen Erwärmung kommt der Maulwurf aus den in über 60 Zentimetern Tiefe gelegenen Wintertunneln, wo er den Winter ohne Ruhe und Schlaf verbracht hat, in die etwa nur 40 Zentimeter tief gelegenen Hauptgänge. Dann, in der Zeit der Schneeschmelze, braucht er wieder Gänge, die ihm als Falle für seine Beute dienen. Etwa alle drei Stunden kontrolliert er das weit verzweigte Gangsystem und vertilgt das gefundene Fressen: Engerlinge, Larven oder Puppen der verschiedensten Insekten, Nacktschnecken, Maulwurfsgrillen oder Regenwürmer. Selbst die Baue der Wühlmäuse verschont er nicht und frisst auch mal während der wärmeren Jahreszeit einen Frosch oder einen toten Vogel. Ob der Maulwurf tatsächlich so gefräßig ist und täglich so viel frisst, wie er wiegt, ist offensichtlich ein Märchen. Wissenschaftler haben nämlich festgestellt, dass der Maulwurf nur etwa 20 bis 25 Gramm täglich vertilgt. Bis er Insekten, deren Larven, Würmer und anderes Kleingetier erbeutet hat, legt ein Maulwurf täglich rund zweieinhalb Kilometer in seinen Gängen zurück. In der Dunkelheit des Erdreichs findet er sich bestens zurecht. Die halb blinden Augen sind, sofern der schwarze Kanalarbeiter einmal ans Tageslicht kommt, kaum im Fell zu entdecken. Dafür besitzt er einen fein entwickelten Tast-, Gehör- und Erschütterungssinn. Er kann sogar Tiere auf der Erdoberfläche orten, obwohl er etliche Zentimeter tiefer unter der Erdoberfläche verweilt.

Neben den kräftigen Grabschaufeln an den Vorderbeinen nutzt der Maulwurf seine Nase als Bohrwerkzeug. Elastische Knorpel sorgen dabei für die Festigkeit dieses Riech-, Tast- und Grabbohrers. Die Nasenlöcher kann er verschließen, und Tasthaare am Schwanz können dem Tier anzeigen, wenn die Erde wieder mal von der Gangdecke rieselt. Dermaßen ausgerüstet, grub sich bei einem Versuch ein amerikanischer Verwandter in drei Sekunden so tief ein, dass der Kopf vom Erdboden verschwunden war. Innerhalb von zehn Sekunden war das ganze Tier eingegraben, und drei Minuten später hatte er bereits einen Gang von 30 Zentimetern geschaufelt.

Vieles über das Leben der Maulwürfe mit dem schwarzen samtigen Fell ist jedoch noch unbekannt. So wissen wir nicht genau, wie viele Junge die Maulwurfmutter zur Welt bringt, vermutlich sind es zwei bis drei. Zumindest die Feinde des Maulwurfs kennen wir: Eulen und andere Greifvögel und außerhalb der Gärten auch Storch und Graureiher, Fuchs und Marder. Menschlichen Aktivitäten geht der Maulwurf aus dem Wege, deshalb wird er im Bereich von immer wieder bearbeiteten Gemüsebeeten bald verschwinden.

Mein Vater hat früher mit Petroleum getränkte Lappen in die Gänge gestopft. Das sollte den Maulwurf vertreiben, ohne ihm zu schaden. Manchmal hat es geklappt und manchmal auch nicht. Dann hat es mein Vater auch aufgegeben. Nicht nur hinterm Haus, sondern auch auf dem noch von unserem Großvater stammenden Obstgarten – Naturschützer und Obstbauern von früher sprechen von Streuobstwiesen – ebnet er inzwischen nach dem Winter geduldig die Maulwurfshügel. Das reicht vollkommen aus. Schließlich ist der Maulwurf ein Regulator im komplizierten System des Naturkreislaufs und kann nicht – wie etwa die weniger beliebten Wühlmäuse – zum Schädling werden. Mit ein Grund, weshalb Maulwürfe schon lange streng unter Artenschutz stehen.

Wann wird was geerntet?

Im Biogarten – und letztlich ist die Natur in Feld, Wald und Flur ein einziger großer Biogarten – gibt es nicht nur das zu ernten, was man selbst gesät und gepflanzt hat. Wo der Natur Vorfahrt eingeräumt wird, präsentiert sie sich als wahrer Biosupermarkt. Am besten, man bereitet sich schon im Winter auf die verschiedenen Erntephasen vor, damit auch ja nichts vergessen wird. Was gibt's wann? Hier die wichtigsten »Naturprodukte« und die ungefähren Erntezeiten. Diese können – je nach dem, ob sich ein Garten im Tiefland, im Hügelland oder in den Bergen befindet – unterschiedlich ausfallen.

- **März:** Wilder Ackersalat, Brunnenkresse, Gänseblümchen, Huflattich, Scharbockskraut
- **April:** Wilder Ackersalat, Bärlauch, Brennnessel, Brunnenkresse, Gänseblümchen, Löwenzahn, Sauerampfer, Sauerklee, Scharbockskraut, Wilder Schnittlauch, Spitzwegerich, Waldmeister, Wiesenkerbel
- **Mai:** Bärlauch, Brennnessel, Brunnenkresse, Echte Kamille, Fichtensprossen, Gänseblümchen, Wilder Hopfen, Löwenzahn, Sauerampfer, Sauerklee, Wilder Schnittlauch, Schwarzer Holunder (Blüten), Spitzwegerich, Waldmeister, Wiesenkerbel

- **Juni**: Ackerminze, Fichtensprossen, Gänseblümchen, Wilder Hopfen, Wilder Majoran, Echte Kamille, Sauerampfer, Sauerklee, Wilder Schnittlauch, Schwarzer Holunder (Blüten), Spitzwegerich, Walderdbeere
- **Juli**: Ackerminze, Brombeere, Echte Kamille, Himbeere, Gänseblümchen, Kornelkirsche, Kümmel, Wilder Majoran, Sauerampfer, Spitzwegerich, Walderdbeere
- **August**: Ackerminze, Brombeere, Echte Kamille, Hagebutte, Himbeere, Kornelkirsche, Gänseblümchen, Kümmel, Wilder Majoran, Sauerampfer, Spitzwegerich, Vogelkirsche, Walderdbeere
- **September**: Ackerminze, Eberesche, Hagebutte, Haselnuss, Himbeere, Wilder Majoran, Mehlbeere, Schwarzer Holunder, Sanddorn, Spitzwegerich, Wacholder, Weißdorn
- **Oktober**: Eberesche, Hagebutte, Haselnuss, Mehlbeere, Sanddorn, Schlehe, Schwarzer Holunder, Wacholder, Walnuss, Weißdorn
- **November**: Schlehe, Walnuss

Wo es in Gärten noch alte Obstbäume gibt, ist dies etwas ganz Besonderes. Denn jeder alte Baum ist für sich genommen ein einzigartiger Lebensraum. Die Grafik gibt nur einen Überblick über die große biologische Vielfalt, die hier letztlich nicht dargestellt werden kann.

JEDER BAUM EIN LEBENSRAUM

Selbst im Winter, wenn sich die Laubbäume ihrer Blätter entledigt haben, ist vor allem an größeren Bäumen vielfältiges Leben zu beobachten. Mal fliegt wellenförmig ein Specht herbei und klettert geschickt den Stamm empor. Mit wachem Blick und langer Zunge sucht er in abstehender Rinde nach Fressbarem. Mitunter streicht geräuschlos ein Sperber herbei, um Jagd auf die in den Zweigen lärmenden Spatzen zu machen. Sie nehmen dann ebenso Reißaus wie die Eichhörnchen, die uns ab und zu besuchen. Jeder große Baum ist für sich genommen ein einzigartiger Lebensraum. Während fremdländische Bäume oft nur grün sind und keine Lebewesen beherbergen – dazu gehört etwa die Platane –, leben in alten Kirsch-, Apfel-, Birnen- und Zwetschgenbäumen ebenso wie an alten Eichen oder Buchen viele Hundert unterschiedliche Lebewesen, vom kleinsten Insekt bis zu den verschiedensten Vogelarten, die dort Nistplatz und Nahrungsraum finden. Gibt es dann noch eine Baumhöhle oder entsprechende Nistkästen, so siedeln sich vielleicht auch Fledermäuse, Garten- und Siebenschläfer und andere Höhlenbewohner an. Und noch eines kommt hinzu: Ein etwa hundertjähriger alter Baum regeneriert täglich rund 45 000 Liter Luft und erzeugt rund 9400 Liter Sauerstoff. Wer also große Laubbäume in seinem Garten hat, besitzt schon einen eigenen kleinen Klimastabilisator. Es sollte also sorgfältigst überlegt werden, ob man zur Kettensäge greift, um einen alten Baum zu fällen, denn rund 2500 Jungbäume wären notwendig, um sofort die Leistung eines alten Baumes ersetzen zu können. In wenigen Minuten kann zerstört sein, was 80, 150 oder mehr Jahre zur Entstehung gebraucht hat. Da nehme ich lieber das viele Laub in Kauf und behalte den alten Kirschbaum aus Großvaters Zeit, auch wenn wir die vielen, vielen Kirschen gar nicht verarbeiten können. Selbst wenn wir die Nachbarn versorgen, bleiben doch genügend für die Vögel übrig. Und vielleicht sollte ich doch mal einen leckeren Kirschschnaps brennen lassen.

Apropos Geschichten, haben Sie auch noch die Verse des »Herrn von Ribbeck auf Ribbeck im Havelland« im Kopf? Dieses Gedicht, das so wunderbar den alten Birnbaum und das Werden und Vergehen wie überhaupt das Leben selbst beschreibt, ist für mich Sinnbild für den Baum als Lebensraum und den verantwortungsvollen Umgang mit der Natur.

Herr von Ribbeck auf Ribbeck im Havelland

Herr von Ribbeck auf Ribbeck im Havelland,
Ein Birnbaum in seinem Garten stand,
Und kam die goldene Herbsteszeit
Und die Birnen leuchteten weit und breit,
Da stopfte, wenn's Mittag vom Turme scholl,
Der von Ribbeck sich beide Taschen voll,
Und kam in Pantinen ein Junge daher,
So rief er: »Junge, wiste 'ne Beer?«
Und kam ein Mädel, so rief er: »Lütt Dirn,
Kumm man röwer, ick hebb 'ne Birn.«

So ging es viel Jahre, bis lobesam
Der von Ribbeck auf Ribbeck zu sterben kam.
Er fühlte sein Ende. 's war Herbsteszeit,
Wieder lachten die Birnen weit und breit,
Da sagte von Ribbeck: »Ich scheide nun ab.
Legt mir eine Birne mit ins Grab.«

Und drei Tage drauf, aus dem Doppeldachhaus,
Trugen von Ribbeck sie hinaus,
Alle Bauern und Büdner mit Feiergesicht
Sangen »Jesus meine Zuversicht«,
Und die Kinder klagten, das Herze schwer:
»He is dod nu. Wer giwt uns nu 'ne Beer?«

So klagten die Kinder. Das war nicht recht,
Ach, sie kannten den alten Ribbeck schlecht,
Der *neue* freilich, der knausert und spart,
Hält Park und Birnbaum strenge verwahrt.
Aber der *alte*, vorahnend schon
Und voll Mißtrauen gegen den eigenen Sohn,
Der wußte genau, was er damals tat,
Als um eine Birn' ins Grab er bat,
Und im dritten Jahr, aus dem stillen Haus
Ein Birnbaumsprössling sprosst heraus.

Und die Jahre gehen wohl auf und ab,
Längst wölbt sich ein Birnbaum über dem Grab,
Und in der goldenen Herbsteszeit
Leuchtet's wieder weit und breit.
Und kommt ein Jung' übern Kirchhof her,
So flüstert's im Baume: »Wiste 'ne Beer?«
Und kommt ein Mädel, so flüstert's: »Lütt Dirn,
Kumm man röwer, ick gew' di 'ne Birn.«

So spendet Segen noch immer die Hand
Des von Ribbeck auf Ribbeck im Havelland.

Theodor Fontane (1819–1898)

DAS BIOGARTENREZEPT DES MONATS DEZEMBER

Kartoffelsuppe

Das Gericht – früher ein Arme-Leute-Essen – erlebt seit etlichen Jahren eine wahre Renaissance. Selbst in Gourmetrestaurants stehen als Herbst- und Wintergerichte Kartoffelsuppen in unterschiedlichsten Variationen auf der Speisekarte.

Zutaten

- *ca. 40 g Fett*
- *20–40 g Mehl*
- *2 kleine, gewiegte Zwiebeln*
- *Bohnenkraut*
- *Petersilie*
- *5–6 große gekochte, kalte Kartoffeln*
- *¼ l Fleisch- oder Gemüsebrühe*
- *Salz*

Je nach Geschmack einige geröstete Brot- oder Semmelwürfelchen

Und so wird's gemacht:

Fett zerlassen; darin das Mehl andünsten. Zwiebeln, Petersilie und Bohnenkraut und die geschälten, zu Würfeln geschnittenen Kartoffeln dazugeben. Alles durchdünsten. Dann mit der Gemüse- oder Fleischbrühe ablöschen und die Suppe ca. eine halbe Stunde köcheln lassen.

ANHANG

Informiert sein ist alles – Nützliche Adressen rund um das Thema Garten

Landwirtschaftsministerien sowie staatliche und private Facheinrichtungen, die sich mit Themen des Gartenbaus beschäftigen

• **Deutschland**
Bundesministerium für Ernährung und Landwirtschaft (BMEL), Bonn, Berlin
www.bmel.de

• **Baden-Württemberg**
Ministerium für Ernährung, Ländlichen Raum und Verbraucherschutz, Stuttgart
www.mlr.baden-wuerttemberg.de

Kompetenzzentrum Obstbau-Bodensee, Bavendorf
www.kob-bavendorf.de

Staatliche Lehr- und Versuchsanstalt für Gartenbau, Heidelberg
www.lvg.landwirtschaft-bw.de

Staatliche Lehr-und Versuchsanstalt für Wein- und Obstbau, Weinsberg
www.lvwo.landwirtschaft-bw.de

• **Bayern**
Bayerisches Staatsministerium für Ernährung, Landwirtschaft und Forsten, München
www.stmelf.bayern.de

Bayerische Landesanstalt für Weinbau und Gartenbau, München
www.lwg.bayern.de

• **Berlin**
Senatsverwaltung für Wirtschaft, Energie und Betriebe, Berlin
www.berlin.de/sen/wirtschaft/

• **Brandenburg**
Ministerium für Landwirtschaft, Umwelt und Klimaschutz (MLUK) Land Brandenburg
www.mluk.brandenburg.de

• **Bremen**
Senatorin für Wirtschaft, Häfen und Transformation
www.wirtschaft.bremen.de

• **Hamburg**
Behörde für Wirtschaft und Innovation. Hamburg
www.hamburg.de/bwi

• **Hessen**
Hessisches Ministerium für Umwelt, Klimaschutz, Landwirtschaft und Verbraucherschutz, Wiesbaden
www.umwelt.hessen.de

Landesbetrieb Landwirtschaft Hessen – Hessische Gartenakademie, Geisenheim
www.llh.hessen.de/pflanze/freizeitgartenbau

• **Mecklenburg-Vorpommern**
Ministerium für Klimaschutz, Landwirtschaft, ländliche Räume und Umwelt Mecklenburg-Vorpommern Schwerin
www.regierung-mv.de

Landesforschungsanstalt für Landwirtschaft und Fischerei, Gülzow
www.landwirtschaft-mv.de

• **Niedersachsen**
Niedersächsisches Ministerium für Ernährung, Landwirtschaft und Verbraucherschutz, Hannover
www.ml.niedersachsen.de

• **Nordrhein-Westfalen**
Ministerium für Umwelt, Naturschutz und Verkehr, Düsseldorf
www.umwelt.nrw.de

Landesarbeitsgemeinschaft Gartenbau- und Landespflege (LAGL NW), Oberhausen
www.lagl-nw.de

• **Rheinland-Pfalz**
Ministerium für Wirtschaft, Verkehr, Landwirtschaft und Weinbau, Mainz
www.mwvlw.rlp.de

• **Saarland**
Ministerium für Umwelt, Klima, Mobilität, Agrar und Verbraucherschutz, Saarbrücken
www.saarland.de/mukmav

• **Sachsen**
Sächsisches Staatsministerium für Energie, Klimaschutz, Umwelt und Landwirtschaft, Dresden
www.smekul.sachsen.de

Sächsisches Landesamt für Umwelt, Landwirtschaft und Geologie, Dresden
www.smul.sachsen.de/lfulg

• **Sachsen-Anhalt**
Ministerium für Landwirtschaft und Umwelt, Magdeburg
www.lfulg.sachsen.de

Landesanstalt für Landwirtschaft, Forsten und Gartenbau, Bernburg
www.llg.sachsen-anhalt.de

• **Schleswig- Holstein**
Minister für Landwirtschaft, ländliche Räume, Europa und Verbraucherschutz, Kiel
www.schleswig-holstein.de

Landesamt für Landwirtschaft, Umwelt und ländliche Räume Flintbek
www.schleswig-holstein.de

• **Thüringen**
Minister für Umwelt, Energie und Naturschutz (TMUEN), Erfurt
www.umwelt.thueringen.de

Thüringer Landesamt für Landwirtschaft und Ländlichen Raum, Jena
www.tlllr.thueringen.de

• **Österreich**
Bundesministerium für Land- und Forstwirtschaft, Regionen und Wasserwirtschaft (BML), Wien
www.info.bml.gv.at

• **Schweiz**
Bundesamt für Umwelt
www.bafu.admin.ch

Verbände und andere Institutionen für den Bereich Gartengestaltung, Obstbau, Naturbewahrung und Umweltbildung

• **Deutschland**

Bundesverband Deutscher Gartenfreunde e.V.
Berlin
www.kleingarten-bund.de

Bundesverband Garten-, Landschafts- und Sportplatzbau e.V.
Bad Honnef
www.galabau.de

Bund deutscher Baumschulen (BdB) e.V., Berlin
www.gruen-ist-leben.de

Bund deutscher Landschaftsarchitekten e.V. (BDLA), Berlin
www.bdla.de

Bund für Umwelt und Naturschutz Deutschland (BUND), Berlin
www.bund.net

Bundesweiter Arbeitskreis der staatlich getragenen Bildungsstätten im Natur- und Umweltschutz (BANU)
www.banu-akademien.de

Deutsche Gartenbau-Gesellschaft 1822 e.V., Berlin
www.dgg1822.de

Deutsche Gesellschaft für Gartenkunst und Landschaftskultur e.V. (DGGL), Berlin
www.dggl.org

BuGG Bundesverband GebäudeGrün e.V., Berlin
www.gebaeudegruen.info

Bundesverband für Betriebs- und Regenwasser e.V. (fbr))
Darmstadt
www.fbr.de

Forschungsgesellschaft Landschaftsentwicklung Landschaftsbau e.V. (FLL), Bonn
www.fll.de

Gartenakademie, Heidelberg
www.gartenakademie.info

Landesbund für Vogel- und Naturschutz in Bayern e.V.
www.lbv.de

Naturschutzbund Deutschland e.V. (Nabu), Berlin
www.nabu.de

Ständige Konferenz der Gartenamtsleiter beim Deutschen Städtetag (GALK), Hamburg
www.galk.de

Verband der Kleingärtner, Siedler und Grundstücksnutzer e.V., Berlin
www.unser-kgv-online.de

Zentralverband Gartenbau e.V.
Berlin, Bonn
www.derdeutschegartenbau.de

Informations-Netzwerk Gartenbau
www.hortigate.de

• **Österreich**

Österreichische Gartenbau-Gesellschaft, Wien
www.garten.or.at

Zentralverband der Kleingärtner und Siedler und Kleintierzüchter Österreichs GmbH, Wien
www.kleingaertner.at

• **Schweiz**
Verband deutschschweizerischer Gartenbauvereine (VdGV)
Koppigen
www.vdgv.ch

Der Gartenbau, Zuchwil
www.dergartenbau.ch

Schweizer Garten, Wabern
www.schweizergarten.ch

Wissenschaftliche Einrichtungen, die sich mit Gartenbau beschäftigen

• **Deutschland**
Fachhochschule Weihenstephan – Forschungsanstalt für Gartenbau
Freising
www.hswt.de

Universität Hohenheim, Stuttgart
www.uni-hohenheim.de

Staatsschule für Gartenbau, Stuttgart-Hohenheim
www.sfg.landwirtschaft-bw.de

Zentrum für Betriebswirtschaft im Gartenbau e.V. am Institut für Biologische Produktionssysteme der Leibniz Universität Hannover
Hannover
www.zbg.uni-hannover.de

Gottfried-Wilhelm-Leibniz Universität,
Hannover
www.uni-hannover.de

Kompetenzzentrum Gartenbau (KOGA), Universität Bonn
Rheinbach
www.ko-ga.eu

Humboldt-Universität zu Berlin, Landwirtschaftlich-Gärtnerische Fakultät, Berlin
www.agrar.hu-berlin.de/studium

Fachhochschule Erfurt, Fachrichtung Gartenbau, Erfurt
www.fh-erfurt.de

Berliner Hochschule für Technik
Berlin
www.bht-berlin.de

Hochschule Geisenheim University
www.hs-geisenheim.de

Hochschule für Technik und Wirtschaft Dresden, Dresden
www.htw-dresden.de

• **Österreich**
Institut für Wein- und Obstbau, Wien
www.boku.ac.at

• **Schweiz**
Ostschweizer Fachhochschule
Rapperswil
www.ost.ch

NATURELIFE-INTERNATIONAL

Ein Beitrag zur Förderung von Naturwissen und Umweltbildung:
NatureLife-International – Stiftung für Umwelt, Bildung und Nachhaltigkeit
info@naturelife-international.org
www.naturelife-international.org

DANK

Wir danken dem Verlagsteam und allen anderen, die beim Zustandekommen dieses Buches mitgewirkt haben. Und wir danken den vielen Menschen, die uns über Jahre hinweg Erfahrungen und Tipps aus ihren Gärten und aus der freien Natur weitergegeben haben.

Eva Goris und Claus-Peter Hutter haben sich Anfang der 90er Jahre bei einem Umweltprojekt am Amazonas kennengelernt und schon damals viele Gemeinsamkeiten – vor allem die Liebe zur Natur – entdeckt. Seitdem haben sie mehrere Bücher rund um die Themen Natur, Umwelt und Verbraucherschutz geschrieben .

Eva Goris lebt in Hamburg. Sie war Redakteurin bei der *Westdeutschen Allgemeinen Zeitung*, Pressesprecherin bei *Greenpeace*, Ressortleiterin Umwelt/Wissenschaft bei *Bild am Sonntag* und lange Jahre Pressesprecherin bei der *Deutschen Wildtierstiftung*. Sie ist für ihre Beiträge vielfach ausgezeichnet worden und arbeitet heute als freie Autorin.

Claus-Peter Hutter wohnt in der Nähe von Stuttgart und ist Präsident der Umweltstiftung *NatureLife-International*. Hauptamtlich leitete der Ehrensenator der Universität Hohenheim und Lehrbeauftragte der Universität Stuttgart viele Jahre die von ihm aufgebaute Umweltakademie Baden-Württemberg. Der vielfache Buchautor wurde u. a. mit dem Bundesverdienstkreuz und einer Ehrendoktorwürde ausgezeichnet.

REGISTER

Kursiv gesetzte Seitenzahlen verweisen auf Abbildungen.